# Premières mesures révolutionnaires

Eric Hazan
& Kamo

# Premières mesures révolutionnaires

La fabrique
éditions

© **La Fabrique éditions, 2013**

**ISBN : 9782358720496**

**La Fabrique éditions**
64, rue Rébeval
75019 Paris
lafabrique@lafabrique.fr
www.lafabrique.fr
**Diffusion : Les Belles Lettres**

*Au moment d'apporter les dernières corrections
à ce texte, la Turquie s'embrasait au prétexte de
quelques dizaines d'arbres qu'un projet immobilier
du gouvernement prétendait faire disparaître. À
peine la répression s'abattait-elle sur le parc Gesi,
que c'était au tour du Brésil d'entrer dans la danse
au motif, cette fois, d'une minime augmentation
du ticket de bus. Des centaines de milliers de
manifestants prenaient la rue, envahissaient même
Brasilia, attaquaient un parlement au cocktail
molotov, saccageaient les banques, mettaient la police
en déroute, et l'imbécile règne du football.*

*Cela fait au moins trois ans que de telles explosions
ne cessent d'interrompre avec fracas la petite
musique de la fin de l'Histoire et de faire mentir tous
les éditorialistes. Ne célébrait-on pas sur les ondes
françaises, une semaine avant le début de la révolte
brésilienne, tout le profit que l'ensemble du peuple
était en train de tirer de l'organisation du Mondial ?*

*Nous vivons un basculement historique. Ce qui
s'effondre si visiblement rend par là même sa critique
redondante. Ce qui naît sous nos yeux n'a pas encore
de forme, pourrait aussi bien engendrer des monstres*

*Premières mesures révolutionnaires*

*et défie donc toute velléité de le décrire. Dans une
telle époque, tout commentaire se trouve ramené au
rang de bavardage. On ne peut parler que de son
sein, depuis cette brèche d'où l'on entend craquer les
fondations mêmes d'un ordre du monde finissant et
bruisser les voix nouvelles.*

*Ce texte se propose humblement de rouvrir la
question révolutionnaire. Il ne s'agit pas de pérorer
sur la catastrophe du présent ni de démontrer
« scientifiquement » l'inévitable effondrement
du capitalisme. Nous ne tenons pas à spéculer sur
l'imminence ou pas de l'insurrection. Elle est notre
point de départ. Nous partons de ce qu'elle ouvre et
non de ce qu'elle vient clore.*

*La dernière onde révolutionnaire, celle des
années 1960 et 1970, avait ses certitudes et ses
illusions, son langage et ses programmes. En
mai 1968, les franges les plus déterminées du
mouvement avaient une idée bien définie de ce
que signifiait pratiquement « l'émancipation
du peuple » : l'autogestion des usines, les conseils
ouvriers, la dictature du prolétariat, le progrès
technique et tout ce qu'il devait permettre de libérer
de temps et d'énergies. Une bonne part de ces
thèmes a été métabolisée par la réaction néolibérale
des années 1980 et 1990. Il nous faut trouver de
nouveaux points d'appui.*

*Nous ne proposons aucun programme, sauf peut-
être celui de mettre les mains dans le cambouis*

*et de nous pencher sur cette drôle de mécanique
qu'est la révolution. Quels moyens mettre en œuvre
afin de devenir ingouvernables et, surtout, de le
rester ? Comment faire en sorte qu'au lendemain
de l'insurrection la situation ne se referme pas, que
la liberté retrouvée s'étende au lieu de régresser
fatalement – en d'autres termes, quels moyens sont
adéquats à nos fins ?*

*Derrière cette ambition, certains verront de la
nostalgie sénile ou l'exaltation stupide de la jeunesse,
au choix. Qu'ils se rassurent comme ils le peuvent.
Nous sommes sûrs d'être, à l'heure présente, et de
loin, les plus réalistes.*

**I.**

**On a raison de se révolter**

*Et c'est une folie à nulle autre seconde*
*De vouloir se mêler de corriger le monde.*

Molière, *Le Misanthrope*, acte I, scène 1

Tout autour de la planète, les peuples subissent des gouvernements variés que l'on peut ranger en trois grands ensembles. Dans le premier, c'est un groupe souvent qualifié de parti qui tient en main tout le pouvoir, les élections sont truquées, les médias sont muselés et les opposants sont en prison ou disparaissent sans traces. Cet ensemble comprend nombre d'anciens ou actuels pays « communistes » et d'autres qui sont issus de la colonisation dont ils perpétuent la brutalité sous un uniforme différent. Dans le second type de gouvernement, le pouvoir est instable, menacé à coups de pierres ou de fusils, comme aujourd'hui en Syrie ou en République démocratique du Congo. Le troisième ensemble regroupe ce qu'on appelle communément les « démocraties » : des élections s'y tiennent à dates fixes, les parlements votent des lois et les gouvernements *gèrent* les affaires publiques. Parmi ces pays, les plus riches envoient périodiquement leurs dirigeants discuter de l'avenir du monde dans des lieux protégés par des policiers en grand nombre. Les autres reçoivent des éloges quand ils montrent leur bonne assimilation des valeurs « démocratiques » tout en acceptant le pillage de leurs ressources et la clochardisation de leur population.

Entre ces ensembles, les frontières ne sont pas toujours bien tracées : certains pays importants – l'Algérie, l'Iran, la Russie – ont à la fois des traits du premier et du troisième, et il arrive que des pays passent soudain de l'un à l'autre, comme récemment l'Égypte de Moubarak, du premier au second. Et les pays de la « révolution bolivarienne », le Venezuela, l'Équateur, la Bolivie, forment comme un groupe à eux seuls, où certains veulent placer leur espoir.

Autour du mot démocratie, il s'est institué avec le temps une zone de déférence obligée. La démocratie est un système de gouvernement né au cœur de l'Occident civilisé, lequel aide le reste du monde à y accéder par des moyens variés. Affirmer leur souci de démocratie est une obligation commune à tous les dirigeants, des socio-démocrates les plus ramollis jusqu'aux pires despotes. La démocratie est indiscutable car elle est le régime de la liberté et, par un glissement insidieux, celui du libéralisme, du libre-échange, de la libre concurrence, et du néolibéralisme. Depuis la fin des « démocraties populaires » de funeste mémoire, la démocratie est inséparable du capitalisme sous ses divers noms d'emprunt et dans ce qui suit nous parlerons donc de *capitalisme démocratique*.

Il s'est imposé aujourd'hui comme la forme ultime et définitive de la vie en société, et ce non seulement comme idéologie de la classe dominante, mais jusque dans l'imaginaire populaire. Or, sa légitimité repose sur un trépied dont les montants sont tous trois vermoulus ou largement fissurés. Le premier est l'élévation constante du niveau de vie devant aboutir à la formation d'une classe moyenne universelle. Il s'est forgé avec le fordisme (augmentation des salaires avec la productivité pour que les travailleurs puissent acheter davantage et faire tourner l'industrie) et les formes diverses prises par la social-démocratie depuis le New Deal, le Front populaire et le travaillisme anglais d'après-guerre. Aujourd'hui, ce pilier-là n'existe plus que dans l'imaginaire, c'est-à-dire dans les prévisions des ministres des Finances et des organismes internationaux, toujours démenties et revues à la baisse malgré le trucage des chiffres.

Le deuxième pilier est la paix, que le capitalisme démocratique est censé faire régner sur la planète après « les horreurs de la première moitié du XXᵉ siècle ». Or il n'est pas nécessaire d'être grand géopolitologue pour voir partout s'étendre les guerres. Guerres civiles d'intensité variable selon les lieux et les moments – sourdes en Europe, féroces au Moyen-Orient –, terribles guerres africaines sur fond de minerais, de diamants et de famines, guérillas oubliées de Birmanie et des Philippines, guerres sans fin en Afghanistan, en Somalie, en Palestine. Tribales, ethniques, religieuses, toutes ces guerres ? Derrière chacune d'elles, c'est le capitalisme démocratique qui, sous ses différents masques, défend ses intérêts miniers, agricoles, pétroliers ou stratégiques. Dans son rôle de grand pacificateur, de Léviathan mondial, le capitalisme démocratique n'a plus rien de crédible.

Le plus corrodé des trois piliers est la « légitimité démocratique » fondée sur le suffrage universel. Après tout, le peuple est dirigé par des gens qu'il a élus et s'il n'est pas content, il n'a qu'à en choisir d'autres la prochaine fois. François Arago, vieux républicain, avançait déjà cet argument tandis qu'il conduisait la canonnade des barricades au Quartier latin en juin 1848 : le suffrage universel a parlé, le peuple n'a pas à prendre les armes contre ceux qu'il a lui-même choisis.

Mais malgré l'étymologie, malgré les articles constitutionnels affirmant la souveraineté du peuple, nulle part le pouvoir n'appartient au *démos*. C'est depuis longtemps une évidence, mais il y a du nouveau : aujourd'hui le pouvoir n'appartient pas non plus à la caste de politiciens qui se partagent traditionnellement les places ministérielles et administratives au rythme des échéances électorales. Cette politique-là n'est plus qu'une forme vide. Depuis « la crise », ce qui était sous-jacent, masqué, inavouable, apparaît au grand jour : l'économie est immédiatement politique, le pouvoir n'est autre, comme on le dit pudiquement, que celui des « marchés », lesquels ont leurs craintes, leurs lubies, leurs exigences exprimées sur les manchettes des journaux et commentées par des experts de tous bords (l'expert étant, avec le vigile, le personnage emblématique de notre temps). *Marchés* est rassurant – quoi de plus paisible que d'aller au marché ? – le mot maintient l'anonymat sur ce qu'il recouvre et masque tout ce par quoi on nous fait participer à notre propre dépossession. On lit souvent que « les marchés s'inquiètent », voire « s'affolent ». La réaction du public serait sans doute moins paisible, moins résignée si l'on parlait clair : ceux qui ne sont pas contents, ce sont les dirigeants des grandes banques, des grandes compagnies d'assurances, et tous les gestionnaires de fonds – fonds de pension qui gèrent l'épargne des retraités, mais aussi fonds spéculatifs (les fameux *hedge funds*), fonds d'investissement (*private equity*) – plus le *shadow banking system* qui, comme son nom l'indique, opère dans l'ombre et la dérégulation la plus totale.

Il peut exister des divergences d'intérêts entre les différentes composantes de cette finance privée, mais elles forment néanmoins une totalité (« les marchés ») car parmi tous ces dirigeants il existe une communauté d'opinion. Formés à la même école de pensée, lisant les mêmes textes, réunis dans les mêmes forums, ils partagent la même vision de ce qui est bon pour le monde et plus particulièrement pour eux-mêmes.

Ce qui caractérise la relation entre la finance privée d'une part, et de l'autre les gouvernements, les banques centrales et la Commission européenne, c'est une osmose totale. Elle est assurée par un double mécanisme : le très officiel lobbying, et le pantouflage. En France, la grande perspective de carrière des inspecteurs des finances est de passer à la tête de banques privées, avec multiplication de leur salaire par dix ou par vingt. C'est ce qui explique entre autres le honteux recul du gouvernement socialiste sur la réforme des banques, promesse électorale de Hollande. Il s'agissait de séparer les activités « d'affaires » des activités de dépôts, c'est-à-dire ne plus mélanger dans les mêmes caisses l'argent des épargnants et les fonds pourris issus de la dérégulation financière. Mais les inspecteurs des finances qui ont préparé le projet ne tenaient pas à mécontenter leurs futurs employeurs. L'argent des dépôts continuera donc à servir de coussin pour amortir les désastres spéculatifs de la finance libéralisée.

Les « marchés » en sont arrivés à prendre directement en main les pays les plus endettés. Pour

que la Grèce reste dans la zone euro, la « troïka »
(Union européenne, FMI, BCE) y a instauré son
pouvoir de fait qui ne respecte même plus les
apparences « démocratiques ». Chypre a récemment subi le même sort, et le Portugal, l'Espagne
et l'Italie sont sous la surveillance de cette nouvelle Sainte-Alliance. Si « la crise » révèle quelque
chose, c'est moins la cupidité des « marchés » que
la sujétion *politique* de tous les États à la logique
économique.

En France, on peut dater le début de la désa-
grégation du pouvoir constitué : c'est le moment
où, en 1983, les socialistes ont pris le tournant de
« la rigueur », c'est-à-dire quand ils ont décidé
que gouverner ne serait plus rien d'autre que
s'adapter au cours des choses. Par la suite, c'est
encore un socialiste (feu Bérégovoy) qui a organisé en 1986 la déréglementation de la finance.
Depuis lors, les pouvoirs successifs n'ont fait que
prendre acte de la dégradation des territoires
matériels et subjectifs dont ils avaient la charge,
en se contentant de créer des ministères dont
le nom seul – Redressement productif, Identité
nationale, Économie solidaire, Égalité des territoires – semble fait pour conjurer la réalité.

Dire que le système ainsi engendré est cynique,
injuste et brutal ne suffit pas. Protester, manifester, pétitionner, c'est admettre implicitement que
des aménagements sont possibles *face à la crise*.
Or, ce qu'on appelle crise est un outil politique

essentiel pour la gestion des populations aussi bien productives que surnuméraires. Le *discours de la crise* est répandu dans tous les pays industrialisés et relayé en permanence par les médias et les appareils d'État. « Lutte contre la crise » et « guerre contre le terrorisme » vont tout naturellement de pair, étant toutes deux fondées sur le même réflexe élémentaire, la peur du chaos.

Après avoir distribué du crédit à bon marché pour faire tenir tranquilles les pauvres, après l'explosion des diverses bulles financières consécutives à l'endettement généralisé, les « marchés » réclament maintenant l'austérité qui, espèrent-ils, leur permettra de récupérer leur mise aux dépens des peuples (processus baptisé « retour à l'équilibre financier »). Les gouvernements adoptent le fameux argument thatchérien TINA (There Is No Alternative) et suivent les directives des « marchés » en utilisant le chantage à la catastrophe pour faire accepter *les sacrifices nécessaires.*

Les peuples, eux, ne sont pas dupes. Les boniments répandus par les économistes ne suscitent que moqueries. Les rencontres au sommet censées l'une après l'autre mettre fin à « la crise » tombent dans une remarquable indifférence. La haine de la bureaucratie bruxelloise est générale, comme le mépris du personnel politique, toutes tendances confondues. « Personnel politique », voilà qui désigne adéquatement la domesticité bavarde préposée à l'intendance nationale, à la gestion quotidienne, à la basse besogne de faire accepter aux peuples les décisions prises par les véritables maîtres.

***

Tout méprisé et haï qu'il est, le capitalisme démocratique n'est pas sérieusement attaqué. On parle de le corriger, de le rendre plus juste, plus vivable, plus moral, ce qui est contraire à son principe de fonctionnement – surtout depuis « la crise » dont le « traitement » repose sur les bas salaires et la précarité organisée. Nulle part il n'est question de lui faire subir le sort qu'ont connu par le passé bien des régimes d'oppression, de lui donner une bonne fois congé, et pour toujours.

On ne peut rien attendre de l'extrême gauche dont la rhétorique est depuis longtemps inaudible, la vitalité éteinte et l'idée du bonheur parfaitement sinistre. Ses militants les plus estimables – ceux qui viendront du bon côté le moment venu – ne croient plus vraiment au trotskisme fossilisé commun à la plupart des organisations et groupuscules. Ils sont là par fidélité, faute de mieux, en attendant. En France, les rodomontades du Parti de gauche éveillent un certain écho, mais ses militants comprendront avant longtemps que coiffer le bonnet phrygien, chanter *La Marseillaise* et traiter de bouffons les révoltés de banlieue ne fait pas plus un programme que Gambetta ne ressemblait à Blanqui.

Les mouvements des Indignés ou d'*Occupy* ont amené à une certaine conscience des catégories d'individus jusque-là politiquement endormis, résultat non négligeable mais sans effet d'ébranlement : le capitalisme démocratique en a vu d'autres et considère d'ailleurs ces mouvements avec une bienveillance amusée.

Les émeutes ou les manifestations tournant à l'émeute en France, en Angleterre, en Grèce, en Suède, sont moins bien accueillies. À droite, on parle de casseurs soucieux avant tout de piller les magasins de marques. À gauche, on insiste sur l'absence de pensée politique. Ces dénis sont la marque d'une inquiétude – justifiée, car les responsables du maintien de l'ordre savent où pourraient mener de tels sursauts populaires organisés et coordonnés. C'est pour l'éviter que dans tous les pays « démocratiques » on condamne des « meneurs » choisis au hasard à des peines exorbitantes, dans des conditions d'urgence qui n'ont plus rien à voir avec la légalité élémentaire.

Ces dernières années, des colloques se sont tenus à Londres et à Paris autour de « l'idée de communisme ». Il en est sorti des livres, utiles car ils ont contribué à rendre possible de prononcer à nouveau le mot *communisme* sans s'excuser. Mais nulle part, sauf erreur, on n'entend sérieusement proposer de renverser le capitalisme démocratique, de travailler *ici et maintenant* à – autre mot maudit – la révolution. Face à un système invivable qui craque de toutes parts, ce silence, cette étrange absence sont un trait du moment présent qui mérite réflexion.

\*\*\*

Pour expliquer l'apparente patience du peuple, les raisons avancées sont souvent d'ordre psycho-logique, voire anthropologique : la privatisation de l'existence, la transformation des « gens » en entrepreneurs d'eux-mêmes dépolitiseraient les masses et rendraient illusoire toute perspec-tive de bouleversement. L'idée n'est pas neuve : Castoriadis notait déjà que « dans les sociétés du capitalisme moderne, l'activité politique propre-ment dite tend à disparaître [...] Le conflit poli-tique radical est de plus en plus masqué, étouffé, dévié, et à la limite inexistant » (*La suspension de la publication de* Socialisme ou Barbarie, juin 1965). Les barricades de la rue Gay-Lussac ont montré quelques temps après ce qu'il fallait en penser.

Autre explication de « l'apathie » : la mondia-lisation. Puisque tous les pays sont pris dans le réseau global de l'économie planétaire, rien ne sert de s'agiter dans son coin. Le réseau aurait vite fait de réduire un mouvement de révolte local par la simple force d'inertie qu'un grand ensemble impose à ses constituants. C'est sans doute un argument de cet ordre que ressassait le vieux Metternich en route vers l'exil, caché dans une charrette de blanchisseuse : les pays européens étant fermement englobés dans le ciment de la Sainte-Alliance, jamais la chute de Louis Philippe n'aurait dû mettre le continent à feu et à sang, jamais en bonne logique le printemps des peuples de mars 1848 n'aurait dû faire valser duchés et royaumes, du Danemark à la Sicile.

Tenir aujourd'hui la mondialisation pour responsable de « l'atonie » populaire, c'est prendre le peuple pour un idiot collectif, ignorant de l'histoire et de l'actualité, incapable de réfléchir sur la chute en cascade de régimes arabes connus pour l'efficacité de leur police et la fidélité de leur armée.

Dans le monde désolé du capitalisme démocratique, que l'insurrection parte d'Espagne ou de Grèce, de France ou d'Italie, elle ne manquera pas de gagner ensuite toute cette Europe branlante. L'onde de choc se propagera non par *contagion* – la révolution n'est pas une pathologie infectieuse – mais par diffusion de l'ébranlement, par entraînement dans la culbute comme l'avait jadis prévu le regretté John Foster Dulles, père de la célèbre théorie des dominos. Les pays que l'on peut juger plus « stables » – par leurs traditions, leur meilleure santé apparente ou leur situation loin de l'épicentre – seront paralysés devant l'onde révolutionnaire : les raisons de se révolter sont si nombreuses et évidentes depuis si longtemps que les gouvernements ne trouveront nulle part la

légitimité permettant de mater l'insurrection par
la force brute. Un succès en entraînera d'autres,
la hardiesse des uns décuplant celle des voisins.

Ce qu'il faut essayer de comprendre, ce n'est
pas la « dépolitisation » – qui n'existe pas – mais
le scepticisme ambiant sur l'idée de révolution.
Le mot même, communément utilisé dans l'éloge
de tel aspirateur domestique, entraîne des sou-
rires apitoyés quand on l'emploie pour parler du
renversement de l'ordre établi. L'une des raisons
tient à la fin du communisme de caserne. Certes,
les dirigeants de l'Union soviétique apparaissaient
depuis longtemps comme une bande de bureaucrates brutaux et la vie dans ce pays comme un
sort peu enviable, si bien qu'il ne s'est rien passé
en 1989. Comme le résume Mario Tronti dans
*La politique au crépuscule*, « il a fallu trois ans, de
1989 à 1991, pour confirmer bureaucratique-
ment une mort déjà advenue depuis un certain
temps. Les systèmes socialistes survivaient à la fin
du socialisme ». Pourtant, en URSS et dans les
« démocraties populaires » prévalait une organisation sociale qui, pour aberrante qu'elle était,
se voulait autre et prétendait tenir tête à l'impérialisme américain. Dans beaucoup de cerveaux,
l'idée était enfouie qu'en d'autres mains, dans
d'autres circonstances, le communisme aurait pu
réussir. Cette idée s'est évanouie en même temps
que le régime soviétique. Le vide ainsi créé s'apparente à un deuil : on peut être soulagé de la

disparition d'un être détestable *et* ressentir son absence comme un manque. Et du coup, l'idée de révolution, liée à tout un imaginaire mêlant Smolny, le croiseur *Aurora*, la voix de Maïakovski, les Maisons communes des architectes constructivistes, *Octobre* d'Eisenstein et le train blindé de Trotski se trouve enterrée en compagnie du « socialisme réel ».

En même temps, *le mot* révolution est partout, dans les publicités de Peugeot comme dans les tweeets des Indignés, si bien qu'il vient recouvrir notre rapport aux révolutions passées. Celles-ci ne constituent ni une tradition à poursuivre, ni une série d'événements à commémorer, mais le sol historique sur lequel nous nous tenons. On ne se dirige pas dans une époque sans avoir appris des échecs révolutionnaires, ceux qui ont entraîné les défaites et plus encore ceux qui ont suivi les victoires.

Un sujet de Louis XVI à qui l'on aurait parlé de révolution en mars 1789 aurait sans doute été bien sceptique, à supposer qu'il ait compris de quoi il était question. Il aurait admis que la situation était préoccupante, que les caisses de l'État étaient vides, que les intérêts de la dette pompaient la moitié des rentrées, que 2 % de la population possédait l'immense majorité des richesses et que ces privilégiés ne payaient quasiment pas d'impôts. Il aurait gémi devant tant d'inégalité et d'oppression. Mais le trône, celui de Clovis, de saint Louis, d'Henri IV, de Louis XIV, lui paraissait sans doute plus éternel qu'aujourd'hui l'économie de marché. Camille Desmoulins le disait quelques années plus tard : « En 1789, nous n'étions pas dix républicains. »

**II.**

**Créer l'irréversible**

*Définition des concepts historiques*
*fondamentaux : la catastrophe – avoir*
*manqué l'occasion, l'instant critique – le* statu
quo *menace de se perpétuer ; le progrès – la*
*première mesure révolutionnaire.*

Walter Benjamin, *Le Livre des passages*


Dans un pays comme la France, les conditions sont aujourd'hui réunies pour une *évaporation du pouvoir* sous l'effet d'un soulèvement et d'un blocage général du système, comme décrit dans *L'insurrection qui vient* (La Fabrique, 2007). Le phénomène s'est déjà produit deux fois dans l'histoire de ce pays. La première à l'été 1789 : quand s'est répandue la nouvelle de la prise de la Bastille, la structure de gouvernement héritée de Richelieu et de Colbert s'est spontanément défaite. Les intendants – représentants du pouvoir central, équivalents des préfets de régions actuels – sont tout simplement partis. Ils ont vidé les lieux en laissant les clefs sur la porte, et avec eux se sont dissous les corps constitués, les parlements, les municipalités dont les membres tiraient leur pouvoir de l'hérédité, de la vénalité des charges ou d'une désignation directe par le pouvoir central. Il restait bien un exécutif, un roi, des ministres, mais ils ne dirigeaient plus rien, la courroie était cassée, et définitivement.

La seconde évaporation du pouvoir s'est produite en mai 1968 quand, face à la révolte étudiante et à la plus grande grève qu'ait connue le pays, le pouvoir gaulliste s'est volatilisé. Certes, cette vacance n'a duré que quelques jours : tout avait été si soudain, si inattendu, que rien n'était prêt dans les esprits pour tirer parti d'une situation aussi exceptionnelle. C'est le vide théorique et programmatique, non comblé par les élucubrations maoïstes ou trotskistes, qui permit au parti communiste et à la CGT de reprendre les choses en mains et au gaullisme de resurgir triomphalement au mois de juin – le vide, bien davantage que les CRS, le préfet Grimaud ou la menace du général Massu.

Récemment, Ben Ali et Moubarak ont eux aussi pris la route du néant malgré leur police et leurs forces spéciales – et ce, dans des pays considérés comme *dépolitisés* par des dizaines d'années de dictature. Mais rien n'était pensé pour faire suite à ces magnifiques soulèvements populaires. L'opportunité d'en finir avec l'ordre ancien n'a pas été saisie faute de préparation, si bien qu'en

Tunisie comme en Égypte le processus constituant s'est enclenché : un gouvernement provisoire autoproclamé s'est installé, il a mis au pas le mouvement révolutionnaire, il a organisé des élections qui ont ramené – ou vont ramener – une sélection plus ou moins aggravée des notables de l'ancien régime. Le tout avec la bénédiction de l'Occident, rassuré de voir s'évanouir le spectre d'une véritable révolution arabe.

Ce n'est pas nouveau. La séquence *révolution populaire – gouvernement provisoire – élections – réaction* se retrouve à plusieurs reprises dans l'histoire. En février 1848, dans les heures qui suivent l'abdication de Louis Philippe, un groupe de députés autour de Lamartine se proclame gouvernement provisoire. En hâte, ils font élire une Assemblée qui, en juin, va donner pleins pouvoirs à Cavaignac pour écraser les prolétaires insurgés puis favoriser l'irrésistible ascension de Louis Bonaparte. Le 4 septembre 1870, après la honteuse débâcle du Second Empire, la république est proclamée sous la pression populaire mais un gouvernement provisoire, dit de Défense nationale, s'installe à l'Hôtel de Ville, organise l'élection d'une assemblée de ruraux, mène Paris à la capitulation devant les Prussiens et donne les pleins pouvoirs à Thiers pour écraser la Commune de Paris. Lors de la révolution allemande de 1918-1919, le gouvernement provisoire de Friedrich Ebert, un socialiste, organise les élections et écrase la révolte spartakiste et la révolution de Bavière, avec l'aide des *Freikorps*. En France, à la Libération, le gouvernement provisoire autoproclamé de de Gaulle désarme la Résistance, neutralise le mouvement populaire et fait élire une Assemblée constituante d'où va sortir la IV$^e$ République, c'est-à-dire la même tambouille que la III$^e$, voire pire. Le même phénomène se produit en Italie après la guerre civile de 1944-1945.

En faisant élire au plus vite une assemblée – généralement qualifiée de « constituante » – un gouvernement provisoire gagne sur deux tableaux. D'une part il assied une légitimité fragile que ne lui assure pas son caractère *toujours autoproclamé* : il montre que ses intentions sont pures, qu'il n'entend pas garder le pouvoir. Et d'autre part, il évite que les « extrémistes » ne mettent le temps à profit pour répandre leurs idées. La population, nourrie depuis toujours par la propagande du régime qui vient d'être abattu, votera *bien* et l'Assemblée aura la même couleur que la Chambre d'avant la révolution ou sera plus réactionnaire encore. Blanqui, après février 1848, avait cette crainte en tête quand il réclamait le report des élections. Le gouvernement provisoire tenait au contraire à brusquer les choses, escomptant à juste titre le retour d'une Chambre dominée par les royalistes et les républicains de droite.

Que la désastreuse séquence électorale soit à éviter à tout prix, c'est ce qu'avaient bien compris les

plus lucides des manifestants espagnols qui encer-
claient le parlement à Madrid le 25 septembre
2012. Au mot d'ordre de *proceso constituyente*, ils
opposaient celui de *marea destituyente*.

\*\*\*

Le plus difficile, le plus contraire au « bon sens »,
c'est de se défaire de l'idée qu'entre avant et après,
entre l'ancien régime et l'émancipation en actes,
*une période de transition* est indispensable. Ainsi,
parce qu'il faut bien que le pays fonctionne, on
conservera les structures administratives et poli-
cières, on continuera à faire fonctionner la machine
sociale sur les pivots du travail et de l'économie,
on fera confiance aux règles démocratiques et au
système électoral, si bien que la révolution sera
enterrée, avec ou sans les honneurs militaires.

Ce dont il s'agit ici n'est pas de rédiger un programme mais de tracer des pistes, de suggérer des
exemples, de proposer des idées pour *créer immédiatement l'irréversible*. Parmi ces pistes, beaucoup
sont dessinées dans le paysage que nous connais-
sons le mieux, la France. Mais une telle démarche
n'a rien à voir avec ce que fut en d'autres temps
le « socialisme dans un seul pays ». La décrépi-
tude du capitalisme démocratique est telle que
son effondrement sera international, où que se
situe le premier ébranlement.

Mais partout il faut tenir compte d'un sentiment assez commun, la peur du chaos. Elle est
sans cesse renforcée et exploitée par les idéologues
de la domination mais on ne peut pas en déduire
qu'elle puisse être traitée par le mépris. Personne
n'envisage favorablement d'être plongé dans le
noir sans rien à manger. Pour que l'immense force
de rupture qui monte trouve le levier et s'en sai-
sisse, la première condition est de dissiper cette
peur qui existe en chacun de nous, de restaurer
un rapport au monde débarrassé des angoisses de
manque, de pénurie, d'agression qui font silen-
cieusement la trame de l'existence *normale*. Mais
surtout il faut parvenir à distinguer ces deux peurs
que la domination amalgame avec soin : la peur du
chaos et la peur de l'inconnu. Et cette dernière,
c'est le moment révolutionnaire, ce qu'il ouvre,
la joie qui ne manque jamais de l'accompagner,
qui la transforment en appétit de l'inconnu, en
soif d'inédit. Du reste, on sous-estime toujours
la capacité du peuple à se dépatouiller dans les
situations exceptionnelles.

À soi seul, l'écroulement de l'appareil de domination ne suffit jamais à construire du nouveau.
Dès le lendemain de l'insurrection victorieuse, il
faudra mettre en place ce qui interdira au passé
de faire retour, et au reflux de prendre la forme
d'un « retour à la normale ».

L'appareil d'État s'est dissous, ses débris tournoient dans le vide. Ceux qui se réunissaient chaque semaine pour régler les affaires courantes et qu'on qualifiait contre toute évidence de « gouvernement » sont hébétés, éparpillés dans la nature, certains en fuite. Mais le premier moment passé, ils vont chercher à se retrouver, à se concerter, à préparer la revanche. Pour qu'ils restent inoffensifs, il faut les maintenir dispersés. Ces gens-là fonctionnent par réunions, dans des bureaux, avec des dossiers. Nous les leur ôterons : nous fermerons, nous ferons murer et garder tous les lieux où tournaient hier encore les rouages de l'État, du palais de l'Élysée à la plus reculée des sous-préfectures – ou nous y installerons des crèches, des hammams, des cantines populaires comme dans les hôtels de luxe à Barcelone en 1936. Nous couperons leurs lignes de communication, leurs intranets, leurs listes de diffusion, leurs lignes téléphoniques sécurisées. Si les ministres déchus et les chefs de la police haïs veulent se réunir dans des arrière-salles de cafés, libre à eux. Privés de leurs bureaux, ces bureaucrates seront incapables d'agir.

Prendre les places laissées libres, s'asseoir dans les fauteuils vides et ouvrir les dossiers abandonnés serait la pire erreur. Nous n'y penserons même pas. Dans les villages, dans les quartiers, dans les usines, des lieux existent pour se réunir : cinémas, écoles, gymnases, cirques en évitant les amphis, qui rappellent tant d'AG interminables et mortifères.

La dissolution des corps constitués, le licenciement de leur personnel va disperser des dizaines de milliers de personnes. À quoi il faut ajouter les millions de « chômeurs », plus celles et ceux dont le métier va péricliter ou disparaître : les publicitaires, les financiers, les juges, les policiers, les militaires, les enseignants des écoles de commerce... bref : beaucoup de monde.

Cessons de parler, de penser en termes de chômage, d'emplois (perdus, gagnés), de marché du travail. Ces mots abjects amènent à ne plus voir dans les humains que leur employabilité, à les diviser en deux classes, ceux qui ont un boulot et qui sont des vivants à part entière, et les autres qui sont des êtres subjectivement et objectivement diminués. C'est cette centralité de l'emploi – c'est-à-dire dans l'immense majorité des cas, du *salariat* – qui pousse l'enseignement à préparer la jeunesse à ce concentré d'horreur qu'est « le monde de l'entreprise ».

Le travail au sens classique du terme – industriel ou « tertiaire » – ne reviendra pas, c'est une affaire entendue. Il ne serait d'ailleurs pas davantage revenu si l'insurrection n'avait pas eu lieu : personne ne peut croire aux incantations actuelles sur la réindustrialisation, la compétitivité, etc. Mais s'il y a une chose que l'on ne regrettera pas, c'est bien le travail, ce mythe fondateur qui pourrit la vie : tout le monde sera content de s'en débarrasser – comme de la pseudo-science économique, indispensable au bon fonctionnement du capitalisme démocratique mais désormais aussi inutile que l'astrologie.

Une situation révolutionnaire ne se résume pas à une réorganisation de la société. C'est aussi, c'est surtout l'émergence d'une nouvelle idée de la vie, d'une nouvelle disposition à la joie. Le travail ne disparaîtra pas pour la seule raison que les structures qui l'encadrent se seront effondrées, mais par le désir d'appréhender autrement l'activité collective.

Ce qui peut, ce qui doit être fait au lendemain de l'insurrection, c'est disjoindre travail et possibilité d'exister, c'est abolir la nécessité individuelle de « gagner sa vie ». Rien à voir avec les minima sociaux – où l'adjectif « social » s'applique comme ailleurs à tout dispositif destiné à faire avaler l'inacceptable. Il s'agit que chacun voie son existence assurée, non plus par un emploi rémunéré qui est toujours menace de le perdre et réduction à un sort individuel, mais par l'organisation même de la vie collective.

Il est évidemment difficile, les rapports sociaux étant ce qu'ils sont pour l'heure, de se figurer ce que sera l'abolition du salariat, ou juste une existence où l'argent sera renvoyé aux marges de la vie. L'argent n'est-il pas, en tout domaine, l'intermédiaire obligé entre nos besoins et leur satisfaction ? Pour se représenter ce que peut être une existence non économique, il suffit de revenir sur les moments insurrectionnels de l'histoire, de se souvenir de ce qu'en disaient les occupants de la place Tahrir, ceux de l'Odéon en mai 1968 ou les insurgés espagnols de 1936. Ces moments où plus rien n'est travail mais où nul ne compte plus ni ses efforts ni les risques qu'il prend, ces moments où les rapports marchands ont été remisés à la périphérie sont aussi ceux de la plus haute vertu individuelle et collective. On objectera qu'on ne reconstruit pas un monde sur la base de moments d'exception – non, certes, mais ces moments nous indiquent ce qu'il convient de faire : dès le lendemain de l'insurrection, appuyer la rupture avec l'ordre passé sur les noyaux humains qui se seront constitués dans l'action, plutôt que de chercher à les mater parce que rétifs à l'obéissance. Contrairement au traitement que la guerre civile espagnole a réservé aux colonnes de volontaires anarchistes, la « Libération » aux maquis ou les « organisations révolutionnaires » aux comités d'action de 1968, il ne faut pas craindre de confier l'essentiel des tâches à ceux que lient déjà un état d'esprit non économique, l'idée d'un partage immédiat de la vie entière. Ceux qui ont connu cette ivresse savent de quoi nous voulons parler, connaissent la saveur inoubliable de cette vie-là. L'abolition de l'économie n'est pas quelque chose qui se décrète, c'est quelque chose qui se construit, de proche en proche.

On souligne peu la grande singularité de notre époque sur la question de l'argent. Jamais l'argent n'a été aussi omniprésent, jamais il n'a été à ce point nécessaire au moindre geste de la vie, et jamais non plus il n'a été aussi dématérialisé, aussi irréel. Il n'y a qu'à voir la frousse que suscite la seule évocation d'un possible *bank run* dans n'importe quel pays du monde, et encore récemment à Chypre, pour mesurer la paradoxale vulnérabilité de ce qui fait le cœur de la société présente. L'argent n'est plus une matière palpable, ce n'est même plus un tas dispersé de bouts de papiers, ce n'est plus qu'une somme de bits stockés dans des réseaux informatiques sécurisés. S'agissant de comptes bancaires, l'instauration d'une égalité parfaite est réalisable par quelques clics sur les serveurs centraux des grandes banques d'un pays.

On ne reproduira cependant pas l'erreur bolchévique ou khmère d'abolir l'argent au moment de la prise du pouvoir. L'habitude d'être renvoyé à son isolement individuel pour ce qui est de « satisfaire ses besoins », l'habitude que tout soit payant dans un monde peuplé d'étrangers aux intentions potentiellement hostiles, ne disparaî-tra pas en un jour. On ne sort pas indemne du monde de l'économie. Mais l'angoisse du manque, la défiance généralisée, l'accumulation compulsive et sans objet, le désir mimétique, tout ce qui faisait de vous un « gagnant » dans la société capitalisée ne sera plus que tare grotesque dans le nouvel état de choses.

Que restera-t-il de la centralité de l'argent lorsqu'on pourra manger à sa faim dans l'une des cantines gratuites ouvertes par les différents collectifs sur les boulevards, dans les villages et les quartiers, lorsqu'on n'aura plus de loyer à payer à son propriétaire, lorsque l'électricité comme l'eau ou le gaz ne seront plus l'objet de factures mais d'un souci d'en user et de la produire le plus judicieusement et localement possible, lorsque les livres, les théâtres et les cinémas seront aussi gratuits que les albums de musique ou les films en *peer to peer*, lorsque l'obsolescence programmée des marchandises ne nous forcera plus à racheter un mixer tous les six mois et une chaîne hi-fi tous les trois ans ? L'argent demeurera peut-être, si tant est qu'il soit possible, comme le pensent présentement les inventeurs du *bitcoin*, de créer une monnaie qui ne soit pas adossée à un ordre étatique, mais il restera aux marges de la vie tant individuelle que collective. Qu'offrirons-nous contre du café des ex-zapatistes du Chiapas, le chocolat des communes sénégalaises ou le thé des camarades chinois, bien meilleur que celui auquel les plantations industrielles et empoisonnées du capitalisme nous avaient accoutumés ? Existe-t-il des rapports où l'étrangeté entre les êtres qui caractérise les rapports marchands est goûtée en tant que telle et exige donc une forme ou une autre de monnaie ? Telles sont quelques-unes des questions autour desquelles il faudra réfléchir et expérimenter.

Une chose reste néanmoins certaine : le besoin de posséder pour soi les choses diminue à mesure qu'elles deviennent parfaitement et simplement accessibles. Plutôt que d'imaginer une somme de richesses fixes à se partager selon les règles bien connues de la plus grande convoitise, de reprendre le fantasme bourgeois où tout le 9-3 viendrait squatter les immeubles du XVIe arrondissement, mieux vaut penser ce qui se passerait si l'on donnait aux maçons, aux couvreurs, aux peintres du 9-3 les moyens de bâtir à leur façon, en suivant les désirs des habitants. En quelques années, la discussion entre voisins remplaçant l'hypocrite code de l'urbanisme, le 9-3 serait un chef-d'œuvre architectural que l'on viendrait visiter de partout, comme il en est du Palais du facteur Cheval. Il n'y a que les bourgeois pour croire que tout le monde leur envie ce qu'ils ont. Tout l'attrait de ce que peut acheter l'argent de nos jours vient de ce qu'on l'a rendu inaccessible à presque tous, et non du fait d'être en soi désirable.

Réglons ici son compte à une fausse bonne idée qui hante depuis quarante ans les milieux libéraux puis gauchistes : celle du revenu universel garanti, aussi nommé « dotation inconditionnelle d'auto-nomie ». Les tenants de cette « utopie réaliste », comme ils l'appellent, ne manquent jamais une occasion de présenter toute la faisabilité *écono-mique*, dès à présent, de leur « révolution ». Ainsi, pour les disciples de Toni Negri, un tel revenu, déconnecté de tout travail, instaurerait dès main-tenant une créativité inouïe au sein de la nouvelle économie de la connaissance qui n'attend que cela pour permettre à chaque citoyen d'être aussi pro-ductif et de vivre aussi bien qu'un employé de Google. Les coûts et les bénéfices en sont d'ores et déjà *chiffrés*, et tout plaide, disent-ils, en sa faveur. Tant et si bien qu'il n'y aurait même pas besoin d'insurrection, de soulèvement, de désordre pour mettre en place une telle révolution : il suffirait d'instaurer le revenu universel garanti, et l'on s'épargnerait les faux frais de ministères brûlés, de commissariats vandalisés, de flics blessés. Il n'y aurait même pas besoin de rompre avec le capi-talisme : il suffirait de suivre sa logique jusqu'au bout, et l'on aboutirait au communisme, comme chacun sait.

On peut se fatiguer à arguer qu'un tel revenu est irréaliste, que les pays qui l'instaureraient en premier se devraient aussi d'être des États poli-ciers capables de recenser exactement qui vit dans chaque maison de leur territoire. Voilà une mesure qui ne peut donc être appliquée avant la dictature mondiale du prolétariat, laquelle ne devrait pas arriver tout de suite. En fait, le revenu garanti prétend faire la révolution mondiale qui doit déjà avoir eu lieu pour qu'il soit possible. Il maintient cela même que le processus révolutionnaire doit abolir : la centralité de l'argent pour vivre, l'individualisation du revenu, l'isolement de chacun face à ses besoins, l'absence de vie commune. Le but de la révolution est de renvoyer l'argent aux marges, d'abolir l'économie ; le tort du revenu garanti est d'en préserver toutes les catégories.

Nous ne disons pas qu'il serait aberrant, dans l'urgence des premiers mois suivant l'insurrection, de verser encore à chacun une somme prélevée sur les comptes des riches ou des multinationales. Cela permettrait de laisser le temps à la vie de se réorganiser sans que pèsent sur cette réorganisation le manque d'argent d'un côté, et de l'autre le manque provisoire des structures permettant de vivre sans argent. Au reste, on sait qu'en termes de revenus, 10 % des ménages les plus riches reçoivent actuellement autant que 40 % des ménages les plus pauvres, et que l'inégalité des patrimoines est encore plus forte. Un tel ordre de grandeur signifie qu'un transfert d'urgence des revenus des plus riches vers les plus pauvres permettrait à tous de survivre dans la première phase de bouleversement de tout.

Cette façon de voir va à l'encontre de ce qu'on enseigne d'ordinaire sous le nom d'économie. Celle-ci, même si ses oracles sont chroniquement démentis et si ses sectateurs, tels les augures antiques, ne peuvent se croiser sans rire, même si ce qu'elle prône sous les noms de « croissance », « développement », « compétitivité » ou « sortie de crise », ne peut se traduire que par une désolation, une misère et une dévastation accrue, l'économie, donc, est parvenue à s'imposer universellement comme la science des besoins, la science de la réalité, la science *réaliste* par excellence. Même ceux qui critiquent le capitalisme portent souvent le projet d'une « autre économie » – on trouve même actuellement en librairie un manifeste visant à « changer d'économie ». Ils croient que sous le dévoiement capitaliste se cacherait un système des besoins peu ou prou naturel que l'on pourrait satisfaire en assignant aux moyens de production actuels une finalité enfin humaine, en les mettant *au service de tous*. Ils pensent qu'il y aurait quelque part une « économie réelle » à sauver des tentacules de la finance. C'est l'un des mérites du récent scandale dit « de la viande de cheval » que d'avoir révélé aux yeux de tous que la finance ne planait pas au-dessus d'une économie par ailleurs saine et artisanale, mais qu'elle en formait le cœur ordinaire, quotidien.

Il suffit de relire l'*Économique* de Xénophon pour comprendre de quoi il retourne dans l'économie.

Ce dialogue traite de la meilleure façon pour un maître de gérer son domaine. Comment faire en sorte que les esclaves travaillent au mieux et produisent le plus de richesse sous la férule de l'épouse-intendante ? Comment faire en sorte que l'épouse gère les esclaves avec le plus de diligence et d'efficacité ? Comment faire en sorte que le maître ait le moins de temps à passer dans l'*oikos* et que son *oikos*, son domaine lui procure le plus de puissance matérielle, de richesse ? Ou encore : comment organiser l'asservissement économique de la maisonnée afin de contrôler au mieux la servitude de ses gens ?

On notera au passage que le terme « contrôler » tire son étymologie de la technique comptable médiévale consistant à vérifier chaque compte sur un contre-rouleau. Quand naît l'économie politique, au XVIIe siècle, elle montre d'emblée le souci de faire en sorte que la « libre activité » des sujets assure le maximum de puissance matérielle au souverain. Science de la richesse des souverains puis des nations, l'économie est donc essentiellement science du contrôle des esclaves, science de l'asservissement. C'est pourquoi son outil principal est la mesure, dont la valeur marchande n'est que le moyen. Il faut mesurer *pour contrôler*, parce que le maître doit pouvoir s'adonner tout entier à la politique. Depuis ses origines, l'économie organise la servitude de telle manière que la production des esclaves soit mesurable. Si le fordisme s'est un temps universalisé, c'est parce qu'il permettait non seulement de produire plus mais aussi de mesurer dans ses moindres détails l'activité des ouvriers. L'extension de l'économie est en ce sens identique à l'extension de la sphère du mesurable, qui est elle-même identique à l'extension du capitalisme. Ceux qui dénoncent la diffusion quasi universelle des pratiques d'évaluation jusque dans les recoins les plus insoupçonnés des conduites humaines témoignent de la pénétration du capitalisme dans nos vies, dans nos corps, dans nos âmes.

L'économie traite effectivement des besoins : de ceux des dominants, c'est-à-dire de leur besoin de contrôle. Il n'existe pas une économie réelle qui serait la victime du capitalisme financier mais seulement un mode d'organisation *politique* de la servitude. Sa prise sur le monde passe par sa capacité de tout mesurer grâce à la diffusion planétaire de toutes sortes de dispositifs numériques – ordinateurs, capteurs, iPhones, etc. – qui sont immédiatement des dispositifs de contrôle.

L'abolition du capitalisme, c'est avant tout l'abolition de l'économie, la fin de la mesure, de l'impérialisme de la mesure. Pour l'heure, il faut mesurer pour celui qui n'est pas là, pour le maître, pour le cerveau ou le bureau central, pour que celui qui n'est pas là ait prise sur ce qui est là (cela se nomme sobrement le *reporting*). Ceux qui vivent là, qui travaillent là, savent bien ce qu'il leur faut mesurer pour leur propre organisation locale : celui qui se chauffe au bois a intérêt à mesurer le nombre de stères qu'il a dans son garage, ceux qui produisent telle machine ont intérêt à mesurer le stock de métal dont ils disposent avant de se lancer dans la production. Quant aux formes de production dont la seule vertu est d'être contrôlable de loin, par le chef ou le siège, elles seront détruites pour laisser la place à une autre rationalité que *celle du maître*.

\*\*\*

Refuser de faire du travail le pivot de la vie, c'est aller à l'encontre du sens commun, et la réponse ne tarde pas : si l'on peut choisir de vivre sans travailler, plus personne ne travaillera – un désastre. Mais pourquoi, pour qui ? Dans le mouvement qui apporte un yaourt dans un frigidaire, il faut au départ des vaches et une laiterie, mais il faut *aussi* des centaines de gens pour *designer* le pot, l'emballage, pour trouver les colorants, tester le goût, lancer la pub à la télé ; il faut des techniciens, des types qui impriment les emballages, qui collent les affiches sur les panneaux publicitaires, d'autres qui acheminent les pots de yaourts, qui les placent au bon endroit sur les gondoles, qui arrêtent ceux qui tentent de les voler, il faut des caissières, des fabricants de caisses enregistreuses. Retournons l'évidence : le monde des pots de yaourts ne fait pas vivre des milliers de gens, il les accule à des vies insignifiantes. Des centaines de milliers d'heures seront libérées quand nous aurons de grandes laiteries d'où sortiront des pots sans marque et sans colorants. Une fois défait le monde du capital, les yaourt seront meilleurs et mille fois moins chronophages pour la communauté humaine.

Le sens commun (« qui ne travaille pas ne mange pas ») a tort pour au moins trois raisons :

1°) Parmi celles et ceux qui travaillent aujourd'hui, bon nombre se lèvent le matin sans mal, que leur travail les intéresse ou que l'amitié et l'esprit d'équipe leur apportent assez de satisfactions. Pourtant, ils/elles sont pour la plupart des salariés, conscients de vendre leur force de travail pour créer une richesse qui part dans d'autres poches que les leurs. Sans compter les diverses misères de la condition salariée, le poids de la hiérarchie, la hantise de la productivité, les harcèlements divers et la peur de perdre son emploi. Si malgré tout certains salariés tirent d'ores et déjà du plaisir de leur travail, que n'éprouveront-ils pas le jour où ce travail ne leur sera plus imposé par la nécessité de « gagner leur vie », où ils le choisiront librement ? Et quand les ouvriers du bâtiment travailleront pour loger leurs frères et leurs sœurs et non plus pour engraisser les actionnaires des multinationales du BTP, l'ambiance sur les chantiers sera sans doute tout autre.

2°) Avec la fin du capitalisme démocratique, la quantité globale de travail diminuera. Le travail *nécessaire* continuera à baisser comme il le fait continûment depuis la fin du fordisme et la révolution de l'électronique (phénomène certes lié au basculement de la production vers les enfers industriels asiatiques, mais là aussi des craquements se font clairement entendre). Surtout, on verra disparaître l'immense masse du travail *qui ne sert à rien* sinon à manifester publiquement *l'impératif de servitude*. Le capitalisme démocratique a créé des millions d'emplois dans le monde pour établir des normes de fonctionnement et de certification et évaluer leur mise en application. Dans le secteur dit public comme dans le privé, des experts inventent chaque jour de nouvelles procédures, fixent de nouveaux objectifs avec de nouveaux indicateurs, ce qui met au travail des foules d'auditeurs, comptables, contrôleurs, mathématiciens et spécialistes du *reporting*. Le démantèlement de ce bureau mondial, indispensable au fonctionnement abstrait et largement fictif du capitalisme démocratique, amènera une forte baisse du nombre de « postes de travail ». Mais ce qui était tenu pour un désastre à l'époque du travail obligatoire – la perte d'emplois, régulièrement déplorée par les ministres *ad hoc* – donnera une grande souplesse dans le choix entre travail et non-travail : pour assurer l'indispensable production de biens réellement nécessaires, il y aura

bien assez de *travailleurs*, libérés par l'évaporation de la société bureaucratique de consommation dirigée.

3°) Reste qu'il y aura toujours des travaux
pénibles, salissants ou simplement fastidieux.
En Occident, ils sont actuellement confiés aux
groupes humains pour lesquels les masses blanches
et chrétiennes ont le moins de considération,
les derniers arrivés, les peaux les plus sombres.
Répartir ces travaux entre tous, c'est lutter à la
fois contre la ségrégation et contre un autre mal-
heur : la division du travail. Théorisée par Platon,
analysée par Marx, elle est aujourd'hui plus profonde que jamais. On dit que Louis XIV saluait
courtoisement les femmes qui faisaient briller les
parquets de Versailles. Un dirigeant actuel ne ren-
contre jamais les agents de nettoyage, qui ne font
d'ailleurs pas partie de sa société. Dans son trajet
quotidien en forme de L – branche horizontale
depuis sa villa du Vésinet jusqu'au parking de sa
tour, branche verticale de son trajet en ascenseur
jusqu'à son bureau – le seul travailleur manuel
qu'il côtoie est son chauffeur. Travail immatériel
(pour ne pas dire « intellectuel ») et travail manuel
tournent sur deux planètes différentes.

Distribuer entre tous les tâches nécessaires
mais peu gratifiantes ne peut pas se réussir de
façon autoritaire – ce que la révolution culturelle
chinoise avait tenté en ce sens ressemblait plutôt
à des camps de rééducation pour intellectuels, qui

n'ont pas laissé de bons souvenirs. Faire accepter une juste répartition est une affaire d'échelle. Si j'ai choisi de continuer mon métier de dermatologue ou de libraire, et si dans ma rue ou celle d'à côté on a besoin d'un facteur, d'un balayeur ou d'un aide boucher, j'apprendrai l'un ou l'autre de ces nouveaux métiers et j'y consacrerai volontiers deux ou trois après-midis chaque semaine. *Volontiers*, car dans mon quartier, dans ma commune, chacun acceptera librement l'une de ces tâches essentielles parce que son sens s'imposera à tous. Les voisins deviendront des collègues et certains d'entre eux des amis. L'équipage d'un camion-poubelle peut être un petit groupe joyeux et soudé s'il est constitué de volontaires qui feront peut-être autre chose le mois suivant. L'attachement aux camarades de travail, on le voit tous les jours dans les tristes entreprises du capitalisme, a le pouvoir de renvoyer au second plan la nature pénible de la tâche.

\*\*\*

La fin du travail obligatoire, la fin de la dictature de l'économie auront pour conséquence quasi mécanique la fin de l'État. Sur ce point, c'est une nouvelle fois le « bon sens » que l'on heurte, mais pas seulement lui : la plupart des révolutionnaires ont toujours douté que l'on puisse se passer d'État, au sens d'une organisation centrale de la contrainte

– ce qui a mené la plupart des révolutions à des-
servir la cause même de la révolution en la retour-
nant en un asservissement étatique encore accru.
Ce qui est ici à l'œuvre, c'est une vieille croyance
anthropologique que l'on peut faire remon-
ter, au choix, à saint Augustin ou à Thucydide.
« L'homme » serait une créature déchue, mauvaise, encline à se livrer sans frein à ses passions
les plus brutales, les plus asociales, aiguillonné par
les désirs les plus inavouables et destructeurs ou,
pour le dire dans le langage neutre de l'économie,
« poursuivant ses propres intérêts ». Livré à lui-
même, il ne serait au fond qu'un tyran, poussé
par des besoins et une nature aveugle. Hobbes,
que Marx qualifiait de « plus grand économiste
de tous les temps », a donné de cette croyance
la formulation canonique et en a tiré les conséquences les plus rigoureuses : puisque l'homme
est essentiellement mauvais, pour mettre fin à la
« guerre de tous contre tous » à laquelle conduit
sa nature, il faut instaurer un État, par contrat
social. Depuis lors, cet argumentaire théologique
sécularisé est devenu une sorte de lieu commun
*partout où il y a un État*. Plus l'on voudra instaurer
un État autoritaire, plus on exagérera cette thèse
fondatrice : ainsi un jeune néonazi écrivant sous le
pseudonyme de Laurent Obertone a récemment
soutenu, dans *La France orange mécanique*, l'idée
d'une « nation ensauvagée », pour rendre audibles
ses fantasmes de restauration d'État pétainiste.

54

À l'inverse, le doux prince Kropotkine a voulu démontrer dans *L'Entraide, un facteur de l'évolution* que la Nature n'était pas dominée par le *struggle for life* mais par la coopération – c'était montrer que l'espèce humaine pouvait vivre sans État.

Lorsqu'éclate une révolution, on voit s'écrouler toute cette métaphysique de « l'homme », toute cette anthropologie de bazar. Pendant la Commune, Courbet s'émerveillait de la façon dont tout s'organisait si simplement, si impeccablement sans autorité centrale. Même étonnement médusé du peuple lui-même lors de la guerre d'Espagne. Même incrédulité des intellectuels tunisiens et égyptiens devant la grandeur populaire, la soudaine mutation des êtres lors de la révolution. Hier un peuple esclave, soumis, mesquin ; aujourd'hui des êtres fiers, nobles, courageux, aux sentiments dépouillés de petitesse. Ce qui ne prouve pas plus que l'homme est bon que l'existence d'anthropophages violeurs d'enfants ne prouve que l'homme est un loup pour l'homme. « L'homme » n'existe tout simplement pas. S'il existe une chose qui produit effectivement un être vil, abject, menteur, misérable, c'est bien la contrainte étatique.

Il faut renoncer à toute anthropologie politique. Si l'État n'est en rien nécessaire, ce n'est pas parce que l'homme est bon mais parce que « l'homme » est un sujet produit en série par l'État et son anthropologie. Il n'y a que des façons d'être, de s'organiser, de se parler, des moments historiques,

des langues, des croyances incarnées. C'est seulement en s'organisant librement avec ceux qui nous
entourent que l'on peut expérimenter des formes
d'existence où les vertus de chacun trouveront à
s'exprimer et les faiblesses, failles, fêlures viendront à s'estomper.

À ceux qui se demandent comment un pays peut
survivre à l'évanouissement de l'appareil d'État,
on peut répondre simplement : *cet appareil ne sert
à rien* – plus précisément, à rien d'autre qu'à sa
propre reproduction. Ce souci-là est central : il
suffit de voir avec quelle énergie tout nouvel élu,
président des États-Unis ou maire d'une commune rurale, travaille sans tarder à sa réélection.

L'activité de l'appareil d'État a cependant
des effets latéraux notables dont le premier est
de tenir le peuple à l'écart des décisions qui le
concernent. Quand les Français et les Néerlandais
en 2005, puis les Irlandais en 2008, ont rejeté les
projets constitutionnels proposés par Bruxelles,
on leur a expliqué qu'ils n'avaient pas bien compris et leur refus a été vite contourné. En octobre
2011, quand il a été question de demander aux
Grecs leur avis sur l'effacement partiel de la dette
au prix de la mainmise de la « troïka » sur le pays,
la pression du G 20 et les rumeurs de coup d'État
ont fait abandonner en hâte toute idée de consul-
tation populaire. Les formes élémentaires de la
« démocratie représentative » ne sont plus nulle
part respectées : aux élus, on ne laisse que des

débats secondaires, les vraies décisions étant prises en coulisses par « les marchés », les organisations et les experts internationaux.

On entend parfois parler de « conflit d'intérêts » quand, par exemple, tel ministre ou élu local cède à bas prix une part du domaine public à une société amie. L'expression est mal choisie : c'est « intérêts communs » qu'il faudrait dire. En France, les grands bétonneurs, les grands avionneurs, les grands marchands d'armes qui possèdent toute la presse nationale ont exactement les mêmes intérêts que les « décideurs » de n'importe quel gouvernement démocratique capitaliste. Du reste, les individus sont souvent les mêmes : on en voit passer et revenir du secteur dit public à l'une ou l'autre des sociétés multinationales où investissent « les marchés ». Qu'il y ait de temps à autre un procès, que les médias simulent l'indignation devant des cas par trop voyants, ce sont là des exutoires comme il en faut dans les pays où règne la liberté d'opinion.

« Un peuple n'a qu'un ennemi dangereux, c'est son gouvernement ; le vôtre vous a fait constamment la guerre avec impunité » (Saint-Just, *Rapport sur le gouvernement*, 10 octobre 1793).

\*\*\*

Pour créer l'irréversible, il faut éviter que se reconstitue un État. Les marxistes orthodoxes

évoqueront le « dépérissement de l'État », ils cite-
ront *L'État et la révolution* de Lénine, mais l'histoire de l'Occident montre que jamais les États
nés d'une révolution ne se sont laissés dépérir.
Au contraire, tous ont travaillé à renforcer leur
appareil et partout ce renforcement est passé par
*l'élimination de l'extrême gauche*, de l'aile marchante
de la révolution. Des paysans révoltés de Thomas
Münzer aux ouvriers de la Commune de Shanghai,
des *Levellers* de la guerre civile anglaise aux
Cordeliers de l'an II, des insurgés de Cronstadt et
d'Ukraine aux anarchistes et poumistes espagnols,
tous ont connu une fin tragique. Cette répétition
du phénomène à des époques et dans des circonstances si différentes a quelque chose d'étrange.
Parmi les explications possibles : un État né d'une
révolution se heurte aux forces qu'il a chassées, à
une contre-révolution intérieure soutenue ou non
par l'étranger. Pour y faire face, il faut de l'organisation, de l'ordre, du centralisme. La tendance
de l'extrême gauche est au contraire d'approfondir
la révolution, d'aller au-delà d'une émancipation
purement politique, bref de changer les formes
mêmes de la vie. Ses efforts causent forcément
du désordre. D'abord sympathique, il devient vite
intolérable pour ceux qui tentent de faire tourner
l'appareil du nouvel État. Le choc inévitable se fait
aux dépens des mal armés, des mal organisés, des
esprits ardents mais parfois confus que l'on trouve
à l'extrême gauche.

Nous ne craindrons donc pas le désordre, nous admettrons les discordances, nous ne fuirons pas les conflits qui nous rendent plus forts, nous transformerons « la politique » en un vaste champ d'expériences collectives pour éviter que ne se forment des blocs frustrés de ne pouvoir faire entendre leur voix.

\*\*\*

Ceux qui croient à une nature humaine collective pensent que le système français est entaché de *jacobinisme*. Passons sur l'absurdité historique : s'il y a bien eu des jacobins, le jacobinisme n'est que la reprise d'une vieille calomnie répandue par les thermidoriens. Surtout, l'expression masque le dysfonctionnement essentiel : la plupart des questions ne sont ni posées ni traitées là où elles devraient l'être, à la bonne échelle. Partout sévit le centralisme bureaucratique, à peine moins redoutable que le centralisme démocratique cher aux anciens partis « communistes ». Par exemple, n'importe quel électricien non nucléariste sait ce qu'il y a d'absurde dans le dogme de la production centralisée de l'électricité. D'un point de vue platement économique, ce qui se perd dans le transport par lignes à haute tension sur des centaines de kilomètres, ce qui se dépense dans le fonctionnement des grandes centrales représente un coût qui, s'il était pris en compte, devrait y faire renoncer dans l'heure. Du point de vue de la vulnérabilité – les pannes ou autres – c'est précisément la centralisation de la production qui représente le principal risque. Un ensemble de réseaux locaux de production, interconnectés par quelques points, est la meilleure façon de se prémunir contre le risque d'effondrement systémique, risque qui sert à justifier le perfectionnement continu du système.

C'est le centralisme bureaucratique – les programmes ministériels – qui oblige tous les élèves de France à apprendre l'histoire et la géographie de la même façon, sans tenir compte de la région où ils vivent. C'est encore lui qui veille à l'application stricte des lois de la concurrence grâce auxquelles les Provençaux sont nourris de tomates de Hollande et de poisson issu de lacs africains.

On dira que c'est justement pour l'éviter qu'a été instaurée la décentralisation. Conçue et mise en place dans les années Mitterrand par Defferre, hiérarque socialiste parmi les plus autoritaires et les plus magouilleurs, elle a fonctionné comme une bombe à fragmentation, démultipliant à l'infini les instances où se retrouve le centralisme bureaucratique qui n'a au passage rien perdu de ses forces. Ces temps derniers, une réforme des « communautés de communes » est en cours avec pour but officiel de réaliser des économies d'échelle, et pour résultat réel de mettre les petites communes, jugées encore trop autonomes, sous la coupe d'un centre urbain chargé de les contrôler. C'est en miniature le schéma de la métropole, qui reproduit à l'échelle de la région le vieux système colonial. La petite commune étant le dernier lieu où s'exprime parfois la volonté populaire, il s'agit d'en réduire les capacités. En supprimant ici une école – remplacée par un ramassage scolaire promenant les enfants dans tous les sens –, là une poste, en laissant disparaître le café et la boulangerie, on casse précisément la bonne échelle au nom d'économies dont on ne voit pas bien à qui elles peuvent profiter.

S'il n'est pas possible de changer en une nuit l'organisation matérielle d'un pays, l'organisation des collectivités humaines, elle, peut changer d'échelle quasi immédiatement. L'irréversible, c'est de restaurer la prise que les humains ont perdue sur leurs conditions immédiates d'existence. Il ne s'agit pas de reprendre, même collectivement, l'ensemble des infrastructures qui matérialisent cette dépossession, des grandes surfaces aux chaînes de télévision et aux réseaux de téléphonie mobiles, en passant par les centrales nucléaires. C'est à l'échelle des villages et des quartiers, du moins à une échelle *localisée* que peut émerger une nouvelle façon collective de mettre en adéquation les besoins et les moyens de les satisfaire, ce qui ne fera d'ailleurs que renouer avec la richesse des formes historiques d'organisation, depuis les sections parisiennes de 1793 jusqu'aux *quilombos* du Brésil.

\*\*\*

Dans les assemblées, groupes de travail, collectifs, comités, ce qui est à éviter, c'est le formalisme, l'idée que la prise de décision doit suivre une procédure standard inspirée du modèle parlementaire. En mars 1871, c'est le Comité central de la garde nationale – un « avènement d'obscurs » dit Lissagaray – ce sont des non-élus, des illégitimes qui organisent la prise de pouvoir du peuple, chassent la réaction et font fonctionner les services publics. Tout change quand ce Comité cède la place au Conseil général de la Commune. Régulièrement élu par les vingt arrondissements, il sera incapable d'organiser la résistance, perdant son temps en discussions stériles entre sa majorité autoritaire et sa minorité plus ou moins libertaire – cas exemplaire des méfaits du parlementarisme en matière de révolution.

Une autre instance de décision est l'assemblée générale, en principe soumise aux règles de la « démocratie directe ». Là encore, la variété des situations, des mœurs, des liens, des modes d'expression ne peut que se trouver amputée par le cadre uniforme de la procédure. D'où le caractère sinistre, l'ennui dévastateur si palpable dans les assemblées générales comme dans les réunions de groupuscules. Ceux qui l'emportent sont ceux qui ont le plus d'endurance, ceux que l'on pourrait appeler « les êtres de pouvoir » : eux seuls sont capables de supporter des doses de fatigue et de tristesse aussi massives, étant eux-mêmes déjà remplis de doses mortelles d'amertume.

La notion même de décision doit être remise à sa juste place : les cas où il faut choisir entre deux options figées sont, somme toute, assez rares. S'il y a un sens à se rassembler, c'est pour élaborer l'option à laquelle on n'avait pas pensé. La bonne décision est le plus souvent une invention, soit tout le contraire des synthèses des congrès politiques.

Reste le cas où malgré tous les efforts deux positions irréductibles s'affrontent. C'est alors que s'impose le recours au vote, qui constitue un *échec à s'entendre*. Pour ne pas y ajouter la misère honteuse du scrutin secret, il aura lieu par assis et levés ou tout autre moyen ouvert, comme dans les sections parisiennes en l'an II. Le cas qui représente le plus clairement ce qu'il y a à déjouer, c'est le vote à bulletin secret qui vient clore une grève, après une assemblée générale convoquée par les syndicats ou la hiérarchie, et bien souvent les deux. « Laissez les ténèbres et le scrutin secret aux criminels et aux esclaves : les hommes libres veulent avoir le peuple pour témoin de leurs pensées » (Robespierre, Discours sur la constitution, 10 mai 1793).

Dans ce qu'il est convenu d'appeler *l'entre-prise*, les modes de décision actuels, parfaitement opaques, vont disparaître en même temps que les dirigeants. Mais on ne peut plus croire que la révolution consiste en une simple mise en commun des moyens de production existants : dans le « socialisme réel », il y avait bien « appropriation collective », et on a vu le résultat. D'ailleurs, en Espagne, en Grèce, au Portugal, la révolte contre la dévastation en cours ne prend pas spontanément la forme de conseils ouvriers – dans des usines qui disparaissent – mais d'un renouveau inattendu du mouvement coopératif, aboutissant même à l'étrange idée de *coopérative intégrale*, où s'organise non seulement la production mais la vie tout entière.

\*\*\*

Selon une opinion qui tend à se répandre, l'Internet et les « réseaux sociaux » permettent de renouer avec la fameuse démocratie directe, l'assemblée de tous les citoyens réunis sur l'agora. On voit bien l'idée : la démocratie directe n'est possible que dans les groupes humains de petite taille mais la connexion électronique qui réduit à rien les distances fait du monde entier une agora potentielle.

En fait, c'est tout le contraire. Que l'on en soit arrivé à qualifier de *sociaux* des réseaux de bavardage stérile et exhibitionniste en dit long sur ce qu'est devenue la société en Occident. (On a même créé un adjectif, *sociétal*, pour masquer la déshérence du « social ».) Que des affiches dans le métro parisien proposent des rencontres plus ou moins tarifées pour vaincre la solitude, que dans les wagons chacun pianote des messages inutiles et écoute de la musique en conserve, c'est parce qu'il faut conjurer le sentiment d'isolement dans la foule *sans que personne ne se parle*. Ce résultat n'est pas sciemment recherché mais il est dans la logique du marché : ce qui est aujourd'hui gratuit rapportera demain des milliards – ce qui n'était pas le cas des boules noires et blanches par lesquelles les citoyens d'Athènes exprimaient leurs choix.

L'Internet est certes le moyen le plus rapide pour communiquer dans les situations d'urgence. Il a été décisif dans le renversement des régimes pourris de Tunisie et d'Égypte et il le sera sans doute dans l'insurrection à venir. Il permet de contourner le monopole de l'information que détiennent les médias étatiques et privés. Mais pour ce qui est de son rôle « démocratique », jamais un système où l'on ne sait pas qui parle, où les opinions n'ont aucune conséquence pour celui qui les exprime, bref où l'on peut répandre n'importe quoi, jamais un tel système ne remplacera la palabre, le contact avec les yeux et les mains, les verres bus en commun, l'enthousiasme

et les disputes, les véritables « rapports sociaux »
qui ne sont pas du domaine de la sociologie mais
de l'amitié.

\*\*\*

Après la dissolution de l'appareil d'État, l'essentiel sera de répartir à la juste échelle les questions collectives. Pour celles qui relèvent du
local – logement, alimentation, écoles, transports, entreprises... – c'est dans les quartiers,
dans les communes reconstituées que surgiront
les idées nouvelles. Ce sont là des sujets qu'il est
absurde de traiter partout de la même manière :
en France, quoi de commun dans les problèmes
scolaires en Lozère et en Seine-Saint-Denis, dans
la Mayenne et l'agglomération marseillaise ? Le
centralisme bureaucratique, les directives ministérielles successives et contradictoires ont fait là
des ravages qu'il faudra réparer avec des bricolages
modestes, des essais et des erreurs, des inventions
collectives.

Mais certains domaines nécessitent que l'on
passe à l'échelle supérieure, celle de la province
(pour ne pas dire « région », entité bureaucratique qui aura disparu) ou du pays tout entier. Le
démantèlement du nucléaire et ses répercussions
sur la fourniture générale d'énergie ; le sort des
grandes voies de transport routières, aériennes,
fluviales, ferroviaires ; l'orientation à donner aux

principales industries telles que l'automobile ; la manière de rendre au peuple les moyens nationaux d'information : tels sont quelques exemples de questions auxquelles il ne peut être répondu localement.

La ligne de partage entre ce qui peut se régler ici et maintenant et ce qui relève d'un échelon plus élevé est souvent facile à tracer. Pour la santé publique, par exemple, on voit bien ce qui relève du lieu : la bonne distribution des dispensaires, des services d'urgence, des différentes spécialités hospitalières, la manière non autoritaire d'amener des praticiens dans les « déserts médicaux », de pallier le manque éventuel d'infirmières, d'anesthésistes, de sages-femmes... Du temps du capitalisme démocratique, c'était impossible car, disait-on, il n'y avait pas de *crédits* pour le faire. Mais dès le moment où la santé cessera d'être un grand centre de profits, où la conduite des choses sera confiée à celles et ceux qui auront choisi d'y travailler, tout changera. Ce n'est pas là de l'angélisme : après la révolution cubaine, on a vu la médecine de ce pays devenir la meilleure d'Amérique latine, la mortalité infantile baisser au niveau des pays industriels, le tout sans injection particulière de crédits.

Allons plus loin. Si l'hôpital n'est plus considéré comme une entreprise, s'il est rendu à sa destination première d'outil commun, de grands changements sont imaginables. On supprimera les postes parasites, monteurs de budgets, évaluateurs de normes, pointeurs de rentabilité. On soulagera le personnel médical et infirmier des tâches administratives dont on les a accablés depuis plus de vingt ans. La direction de l'hôpital sera confiée à une petite équipe, renouvelée tous les ans, composée d'infirmières et d'infirmiers, de médecins, de patients et de cette part du personnel hospitalier confinée jusqu'ici dans des rôles subalternes alors qu'elle sait mieux que quiconque ce qu'il faut pour que chacun soit bien soigné. On luttera contre la division du travail en faisant participer l'ensemble du personnel aux travaux non « nobles » – nettoyage, stérilisation, brancardage... – et en facilitant l'évolution dans les carrières et le passage des métiers de soin vers les métiers médicaux. Cette révolution culturelle de l'hôpital se fera avec l'appui de la population locale, heureusement surprise d'être désormais accueillie et non rudoyée dans des files d'attente désespérantes. On peut même espérer que l'hôpital cessera un jour d'être la place forte d'où s'opère la médicalisation des populations, qu'il diffusera autour de lui l'art délicat de traiter ses bobos et ceux de son voisin, d'appréhender la douleur, bref la *disposition au soin* qu'il monopolise depuis si longtemps.

Mais partout où règne le capitalisme démocratique, la santé publique est aujourd'hui rongée par une sorte de cancer qui ne peut pas être traité localement : la domination de l'industrie internationale sous deux de ses formes les plus prospères et les plus agressives, la pharmacie et l'imagerie médicale. Elles s'associent pour creuser le fameux « trou de la Sécurité sociale » qui sert d'argument pour justifier la dégradation de la médecine des pauvres.

Exproprier, nationaliser ou transformer en coopératives ouvrières les branches des grandes firmes pharmaceutiques allemandes, suisses ou américaines est un minimum insuffisant. C'est l'ensemble de leur production qu'il faudra scruter pour éliminer les milliers de médicaments inutiles qu'une propagande mensongère, véhiculée auprès des praticiens par ces représentants de commerce que sont les visiteurs médicaux, nous fait avaler à longueur d'année. Sélectionner dans cet immense déballage ce qui est à garder, déterminer et répartir les axes de recherche, c'est une affaire de spécialistes qu'il faudra choisir avec soin et surveiller en ayant en tête les errements des « agences des médicaments », partout contaminées par leurs contacts incestueux avec l'industrie pharmaceutique.

Pour l'imagerie médicale, la difficulté est peut-être plus grande encore car il s'agit de dissiper des croyances magiques. En diffusant leurs images spectaculaires dans les revues médicales et la presse générale, les firmes internationales qui fabriquent scanners, échographes et autres appareils d'IRM (imagerie par résonance magnétique) ont réussi à répandre l'idée que des coupes du corps souf-frant, si elles sont suffisamment précises et rap-prochées, montrent forcément l'origine du mal. Cette mystification a deux conséquences. D'une part, elle permet de vendre dans le monde entier des milliers d'appareils immensément coûteux qu'il s'agit de faire tourner pour les rentabiliser – d'où la part importante des images, pour la plupart inutiles, dans le « trou de la Sécurité sociale ». (En France, dans l'échelle des revenus médicaux, les plus haut placés sont les radiologues, appellation qui regroupe ceux qui ont acquis de tels appa-reils et les confient à des « manipulateurs » mal payés et peu considérés.) D'autre part, la magie des images détourne de la bonne médecine dont l'essentiel se fait avec la parole, les yeux, les mains et quelques outils simples. Sans refuser le pro-grès, on peut rappeler ce qui devrait être une évi-dence : entendre patiemment la plainte, examiner le genou, palper la rate, écouter les poumons, ce sont des gestes efficaces et qui ne coûtent rien. Mais ils prennent plus de temps et demandent plus d'attention que la prescription d'un scan – réclamé par le patient, tant est puissant le marketing des imagiers. C'est toute une nouvelle conception de la médecine qu'il faudra propager tant parmi les médecins que parmi les patients, car une fois les industriels mis hors d'état de nuire, les appareils resteront en place pour de longues années.

Avec la santé publique, on voit se dessiner une tendance qui se retrouvera sans doute ailleurs, aussi bien dans l'agro-alimentaire que dans la recherche scientifique : pour créer l'irréversible, c'est à l'échelle locale que naîtront les idées nouvelles, que s'inventeront des solutions inattendues, tandis qu'aux niveaux supérieurs on s'attachera surtout à effacer les séquelles du monde ancien.

\*\*\*

Que des formes de vie nouvelles s'inventent dans les quartiers et les communes, qu'elles soient mises en œuvre dans leurs différences selon les lieux, c'est une façon de voir qui va à l'encontre d'une abstraction bien enracinée dans un pays comme la France : l'unité de la république. L'école républicaine, les valeurs républicaines, la loi commune au territoire de la république, ce sont là des notions chères aux Français, qui les rattachent plus ou moins consciemment au souvenir de la Révolution. Or ce qu'on a oublié, ce que l'enseignement de l'histoire se garde de rappeler, c'est ce qu'a été le centralisme révolutionnaire : une nécessité liée aux circonstances. À l'origine, le mouvement révolutionnaire était attaché à détruire le système pyramidal de la monarchie absolue. Dans les départements au moment de leur création, il n'y avait *aucun représentant du pouvoir central*. Dans les grandes villes, à Paris mais aussi à Marseille et à Lyon, les sections inventaient leurs propres règles de fonctionnement et manifestaient sans cesse leur volonté d'autonomie. La république « une et indivisible » n'était qu'une façon d'affirmer la cohésion révolutionnaire dans un pays déchiré par la guerre civile, menacé d'éclatement sous la forme du « fédéralisme » girondin. C'est la guerre, civile et extérieure, qui entraîna la formation d'un *gouvernement révolutionnaire* (contradiction dans les termes souvent soulignée à l'époque), lequel allait mettre au pas le mouvement populaire et instaurer partout le centralisme, qui dure depuis lors sous des formes plus ou moins autoritaires selon les moments.

Pour en finir avec ce centralisme, n'écoutons pas « la gauche », refusons de nous incliner devant cet épouvantail à moineaux qu'est aujourd'hui la république, avec ses oripeaux reconstitués au lendemain de la Commune par la sinistre IIIᵉ et largement utilisés dans l'entreprise coloniale : le drapeau tricolore, la laïcité, *La Marseillaise* – que les Noirs et les Arabes de l'équipe de France ont toutes sortes de raisons de ne pas chanter – et la mafieuse « discipline républicaine » des seconds tours électoraux.

Autre épouvantail, plutôt brandi par la droite pour justifier « L'État de droit » et l'omniprésence de la police chargée d'en assurer le respect : le communautarisme. Qu'une jeunesse ségréguée et harcelée ait créé ses propres codes langagiers, musicaux et vestimentaires, que sa religion lui serve à s'affirmer contre ceux qui la méprisent, c'est évidemment intolérable pour la république. Contre eux s'exerce la férocité des brigades anti-criminalité et des intellectuels attachés aux bonnes manières et à l'usage correct du subjonctif. Mais cette jeunesse jouera son rôle dans la mise à bas du capitalisme démocratique. Elle mettra en application la politique des halls d'immeubles, qui vaut bien celle des émissions de France Culture et des éditoriaux de la presse asservie.

\*\*\*

Les domaines qui concernent le pays dans son ensemble sont hérissés de difficultés qui n'ont nulle part et jamais été bien résolues. Elles tournent autour de ce que les philosophes classiques appelaient *représentation du peuple* et expression de la *volonté générale*.

L'idée héritée du passé et qui vient naturellement à l'esprit au lendemain d'une insurrection victorieuse, c'est d'élire une assemblée, en s'attachant certes à éviter les écueils du parlementarisme classique : mandat impératif et limité dans le temps, possibilité de révoquer les élus, etc. Mais quelles que soient les précautions, une telle assemblée correspondra plus ou moins au pays tel qu'il était la veille de l'évaporation du capitalisme démocratique. L'assemblée la plus illustre qu'ait connue la

France, la Convention nationale, était composée en majorité de physiocrates (nous dirions de libéraux), élevés à l'école de Turgot et de Quesnay. En Thermidor, une fois brisée la main de fer des révolutionnaires les plus résolus, le marais centriste-libéral qu'ils parvenaient jusque-là à entraîner a pris le pouvoir à l'assemblée et, conformément à sa vraie nature, la Convention est passée à la réaction et au libéralisme économique.

On voit mal d'autre part comment une assemblée d'élus pourrait traiter en connaissance de cause de domaines aussi divers que le photovoltaïque, le transport fluvial ou l'élimination des pesticides. C'est le cas aujourd'hui, dira-t-on, mais justement : depuis des dizaines d'années (depuis toujours en fait) les assemblées nationales ne résolvent rien – parce que les parlementaires ne connaissent pas les sujets, parce qu'ils sont soumis à des intérêts et des pressions contradictoires, parce que le fonctionnement même d'un parlement interdit tout débat sérieux. La répartition du travail en commissions spécialisées n'est qu'un faux-semblant : chacune d'elles est un petit parlement où l'on ne cherche qu'à faire valoir sa propre image et celle de son parti.

Et comment une assemblée se passerait-elle d'un exécutif ? Pour revenir à la Convention, il est vrai que les ministres étaient réduits au rôle d'exécutants dociles, mais le Comité de salut public, certes issu du corps législatif (élu par l'assemblée et en principe renouvelé chaque mois), était un exécutif de fait. Une fois créé un système exécutif, sa tendance naturelle sera à l'efficacité – comment le lui reprocher ? – et donc à la centralisation. Ainsi la boucle sera bouclée : partant du centralisme bureaucratique tel qu'il existe aujourd'hui, on l'aura d'abord détruit puis reconstitué avec d'autres noms, d'autres grades, d'autres uniformes. Jusqu'à présent, toutes les révolutions ont suivi ce schéma sauf celles qui n'en ont pas eu le temps, comme la Commune de Paris.

\*\*\*

Pour éviter le parlementarisme, l'histoire ne sert qu'à réfléchir sur les échecs passés. Les solutions sont à inventer.

On pourrait par exemple établir que chacun des sujets dont l'échelle adéquate est nationale soit traité par un groupe de travail donné siégeant dans une ville différente, l'ex-capitale n'étant que l'une d'entre elles. Ce fonctionnement éclaté est facile à concevoir dans des pays comme l'Allemagne, l'Italie ou les États-Unis qui ne se sont pas construits autour d'une seule ville. Il est plus problématique mais encore plus décisif en France, où Paris sert toujours de camp de base au centralisme de la « république indivisible ». Les éphémères communes formées en mars 1871 dans les villes ouvrières, à Lyon, à Saint-Étienne, au Creusot, à Marseille, avec l'idée d'un fonctionnement du pays sur le mode communal, n'ont laissé qu'un souvenir assez vague dans la mémoire collective. Cette fois-ci, l'éclatement géographique sera facilité si, comme c'est probable, Paris n'a pas été l'épicentre de la révolution. Si c'est de Toulouse, d'Amiens ou de Vaux-en-Velin qu'est partie l'implosion du capitalisme démocratique, si le mouvement s'est propagé à la région parisienne de la même façon qu'au reste du pays, alors pourra plus facilement se dissoudre le traditionnel centralisme révolutionnaire français.

Quel nom donner à ces groupes de travail répartis dans le pays ? La question peut paraître secondaire, mais souvenons-nous : le nom de *Commune de Shanghai*, adopté en janvier 1967 par les révolutionnaires après qu'ils eurent déposé les bonzes locaux du parti et pris le pouvoir dans la ville, n'a été accepté par Pékin que pendant quelques semaines. Après quoi, devant la crainte de diffusion de communes à tout le pays – c'est-à-dire la fin du parti central –, il n'a plus été question de Commune mais de « Comité révolutionnaire de Shanghai », changement de nom qui a marqué le début de la fin de cette expérience unique.

Fixer le nombre des groupes, répartir les tâches entre eux, ce serait sortir du propos de ce texte. On peut imaginer en revanche comment ils seront formés. En faire des groupes d'élus reviendrait à reconstituer de petits parlements, avec les inconvénients que l'on a vus. Une façon de procéder serait que s'y retrouvent celles et ceux *qui ont envie d'y participer* – qui s'intéressent à la question, qui ont réfléchi sur le sujet, qui ont ou avaient un emploi dans le secteur – bref, des volontaires. Il n'y a guère de risque que l'on se bouscule pour participer à de tels groupes par opportunisme ou recherche d'avantages matériels, vu que la fonction n'apportera aucun privilège financier mais plutôt un sacrifice de temps, une dépense d'énergie, un bouleversement de vie – raisons pour lesquelles elle ne pourra être qu'assez brève, avec une relève par roulement.

Les groupes de travail n'auront pas de président mais un coordinateur pour l'organisation matérielle des séances, leur enregistrement, leur diffusion, etc. Pour traiter des questions difficiles, ils pourront inviter des spécialistes scientifiques ou techniques, qui n'auront rien de commun avec les experts de naguère : choisis parmi les partisans du nouveau cours, ils participeront aux discussions à égalité avec n'importe qui. Ainsi par exemple le comité chargé du démantèlement du nucléaire pourra comprendre des travailleurs des centrales, des habitants des environs, des militants des collectifs antinucléaires, des physiciens, des ingénieurs et techniciens de l'électricité et des autres sources d'énergie, sans qu'aucun de ces membres ne puisse se prévaloir de l'argument d'autorité.

Quant aux « décisions » prises, la meilleure façon de s'assurer qu'elles soient sensées réside, non pas dans un « contrôle populaire » toujours manipulable, mais dans leur mode d'application. En l'absence d'exécutif central, ce sera aux groupes de travail eux-mêmes d'organiser la mise en œuvre des mesures qu'ils auront proposées. Être directement confronté à ce qu'implique pratiquement une mesure, devoir emporter la conviction générale, cela dissuade de suggérer des solutions irréalisables ou dictées par tel ou tel intérêt inavouable.

Un système aussi contraire aux habitudes héritées de Colbert, de la Révolution française et des pratiques républicaines ne pourra pas fonctionner sans accrocs. Il faudra accepter un certain désordre pendant un temps, mais comme la conséquence d'un choix : le refus de voir la révolution menée par un centre, un parti incontrôlable, inamovible et voué au vieillissement bureaucratique. Du reste, bien des systèmes politiques sont nés dans le désordre, y compris la démocratie américaine : habituellement présentée comme un modèle d'évolution pacifique, son avènement s'est fait dans la violence, la lutte pour l'indépendance se doublant en sous-main d'une guerre des pauvres contre les riches. « Pendant la première moitié du XIX<sup>e</sup> siècle, ce qui fascinait les étrangers, c'était son côté [de la démocratie en Amérique] totalement improbable. Peut-on vraiment faire de la politique de la sorte, sous une pression populaire morcelée et chaotique ? Un système si branlant ne saurait durer bien longtemps » (David Runciman, *London Review of Books*, 21 mars 2013).

\*\*\*

Le capitalisme démocratique travaille assidûment à détruire la planète. (Le communisme de caserne avait fait preuve lui aussi d'une belle efficacité en asséchant la mer d'Aral par la monoculture intensive du coton, en mettant au point la Trabant et ses pétarades de fumée noire, en transformant des villes comme Leipzig ou Magdebourg en fantômes couverts de suie.) On ne peut pas s'attendre à ce que le processus prenne fin tout naturellement avec la disparition du système qui l'a enclenché. L'une des premières conditions sera de se débarrasser une fois pour toutes de la désastreuse *écologie*. Elle fait aujourd'hui fonction d'opium du peuple en apportant la dose de morale indispensable au marketing moderne – voitures vertes, lessives biologiques, poulets fermiers. Elle cherche à nous culpabiliser *au nom de nos enfants* auxquels, faute d'obéir aux critères alignés par les différents « sommets de la terre », nous lèguerons non seulement la dette et des retraites en faillite mais aussi le réchauffement climatique. Comme toute religion, l'écologie cherche aussi à faire peur avec des événements, non-événements ou simples mensonges montés en neige par des médias dociles : les pluies acides qui devaient détruire toutes les forêts de l'Est européen (on n'en parle plus depuis combien d'années déjà ?), le trou dans la couche d'ozone (il paraît qu'il se referme), et des épidémies censées tuer une bonne part de l'espèce humaine (la maladie de Creutzfeld-Jakob – la « vache folle » –, la grippe aviaire transmissible à l'homme, la grippe H1N1, le coronavirus, etc.)

Sans nier la terrible dégradation de l'environnement que subissent aussi bien les Inuits que les Indiens d'Amazonie, ni le dérèglement climatique général, finissons-en avec les boniments des écologistes qu'on inculque aux enfants dès les petites classes et qui alimentent les pseudo-débats politiques – avec un sommet atteint lors de l'élection présidentielle française de 2007, où les principaux candidats firent acte d'allégeance auprès d'un ancien animateur de télévision, gourou écologique devenu depuis « envoyé spécial du président de la république pour la protection de la nature ».

Trier, récupérer, recycler sont des gestes conjuratoires sans commune mesure avec l'ampleur du désastre provoqué par le capitalisme démocratique et les variantes de l'économie de marché qui ont cours dans les nouveaux pays industriels.

Ce qui alimente l'appareil capitaliste de destruction de la planète, c'est avant tout la prolifération urbaine. Elle s'est produite et continue chaque jour ses ravages par un mécanisme double. D'une part la concentration industrielle, héritée du XIX$^e$ siècle et du fordisme au XX$^e$ siècle, a créé des métropoles dont certaines (Manchester, Detroit, Marseille) sont ruinées mais qui, dans l'ensemble, continuent à attirer en grand nombre des *demandeurs d'emploi*. La « révolution informatique » n'en absorbe qu'une infime fraction et la plupart deviennent des chômeurs ou des précaires, mais les métropoles, miroirs aux alouettes, continuent pourtant leur croissance anarchique.

D'autre part, le capitalisme a bouleversé le monde des campagnes. L'agriculture « moderne » n'a plus besoin de paysans pour transformer la terre en substrat chimique, avec ses machines pareilles à des engins de guerre (c'est d'ailleurs une guerre qui est menée contre les mauvaises herbes, la mauvaise nature, les mauvais insectes, avec des dégâts collatéraux sur les oiseaux et les abeilles). Dans presque tous les pays pauvres, l'agriculture vivrière, celle qui nourrit, est chassée par les monocultures industrielles *nécessaires* à la croissance des villes.

L'effet destructeur des métropoles ne tient pas seulement à leurs déchets, leurs gaz d'échappement, leur consommation inutile d'énergies de tous ordres. Il s'y ajoute, et ce n'est pas le moins grave, leur façon de proliférer comme des tumeurs. Le phénomène est ancien et bien connu

dans les pays pauvres. Bidonvilles, favelas, villages
de cartons et de planches sont le paysage commun autour des grandes villes, de l'Inde au Brésil,
du Nigéria à la Malaisie. Dans les pays « déve-
loppés », les pauvres ont été depuis longtemps
chassés des centres-villes, mais désormais leur
exil les pousse au-delà même des communes limi-
trophes, vers des zones plus désarticulées, plus
inhospitalières encore que la proche banlieue.
Sur ces terres naguère agricoles, on ne trouve
même plus les semblants de centre formés autour
d'une église ou d'une mairie. Pour s'alimenter,
les retraités, les familles misérables, les immigrés récents poussés vers ces régions périurbaines
doivent aller loin pour trouver un supermarché :
l'agriculture locale n'est plus qu'un souvenir. La
lutte des paysans nantais contre l'aéroport Notre-
Dame des Landes, celle des habitants du Val de
Suse contre la ligne à grande vitesse Lyon-Turin,
sont la pointe médiatisée d'un immense iceberg :
d'après les statistiques ministérielles françaises,
160 hectares de terres cultivables sont détruits
chaque jour par la prolifération des villes. À une
tout autre échelle, les mégalopoles chinoises pro-
lifèrent à un rythme accéléré, transformant en
misérables migrants des dizaines de millions de
paysans déracinés.

Dans le même temps, la vie s'éteint doucement
dans d'innombrables villages européens. Les plus
beaux, les mieux situés sont maintenus en survie

artificielle par le tourisme et la transformation des vieilles pierres en résidences secondaires.

En France, le mouvement de retour à la terre post-1968 – les élevages de chèvres, les fermes collectives – n'a pas laissé beaucoup de traces en dehors des Cévennes, de l'Ariège et de l'Ardèche. Aujourd'hui, les pauvres partent rarement s'établir à la campagne. Ce n'est pas par attachement à leur condition urbaine ou périurbaine, c'est parce qu'à la campagne, *on ne trouve pas de travail.* Mieux vaut encore rester vigile intérimaire ou nettoyer les wagons de métro, mieux vaut passer quatre heures par jour dans les transports que mourir de faim.

La fin de la centralité du travail, la disjonction entre emploi et moyens de vivre vont changer totalement la donne. Pauvres et moins pauvres quitteront par milliers leurs barres, leurs baraques déglinguées et leurs mobil-homes. Ils feront revivre les villages à l'abandon, ils rouvriront les boulangeries et les cafés, leur présence dissipera l'ennui des vieux qui sont restés là en attendant de mourir. Et pour ceux qui le voudront, ce ne seront pas les chantiers qui manqueront.

Deux cas exemplaires à l'attention des sceptiques. Le premier est l'histoire du plateau de Millevaches, où différents groupes se sont installés dans les dix dernières années, dans l'idée de repeupler la région, de s'organiser pour se soustraire à l'économie et gagner en autonomie tant matérielle que politique. Parmi eux, certains se sont établis dans le désormais fameux village de Tarnac. Bien accueillis par un maire héritier de la tradition communiste révolutionnaire de Georges Guingouin, ils ont mené de front maçonnerie, travaux des champs, intervention et réflexion politiques. En novembre 2008, le pouvoir constitué – Michèle Alliot-Marie, ministre de l'Intérieur, poussée par le professeur Alain Bauer, éminent criminologue – a voulu mettre fin à l'expérience. Quand l'occasion s'est présentée, les chiens de la Direction centrale du renseignement intérieur (DCRI) ont été lâchés sur la ferme et sur le village. L'appareil de l'antiterrorisme a été lancé pour broyer un par un, une par une, les membres du groupe. En vain. D'abord éclatée sous les coups de la police, la vie commune s'est reconstruite à Tarnac. Plus que jamais, au bar-épicerie, les vieux paysans côtoient de moins vieux qu'eux venus des quatre coins du monde. De grands rassemblements sont organisés pour tenter de penser l'époque. Musique et cinéma retrouvent une nouvelle vie sur le plateau. Attirés par l'exemple et par l'amitié, des groupes français et étrangers viennent s'installer dans les villages et les fermes d'alentour. On part régulièrement de là pour se battre à Notre-Dame-des-Landes ou dans le Val de Suse, pour aller bloquer dans le Cotentin un train de déchets nucléaires. Toute l'affaire est menée sans chefs, sans AG et sans autres moyens que ceux qu'ils se donnent. On comprend que le pouvoir d'État ait cherché à éradiquer une aussi dangereuse entreprise.

L'autre exemple est celui de Marinaleda, un village andalou de 3 000 habitants. Après des années de lutte, les paysans conduits par un maire réélu sans discontinuer depuis trente ans ont réussi à s'approprier une grande exploitation agricole qui appartenait à une famille aristocratique. Collectivement, ils y produisent des artichauts, des poivrons, des olives... Une partie d'entre eux travaille dans une coopérative qu'ils ont eux-mêmes créée, avec une conserverie, des serres, un moulin à huile. Tous les travailleurs perçoivent la même somme, 47 euros par jour, soit une mensualité de 1 128 euros, près du double du salaire minimum espagnol. Les loyers sont de 15 euros par mois, pour des maisons de 90 m² avec terrasse. Et pour celui qui veut bâtir sa propre maison, la municipalité offre le terrain, le matériel nécessaire et les conseils d'un architecte, la seule condition étant que le futur habitant participe aux travaux de construction. Les cantines, le matériel scolaire, les crèches, les équipements sportifs sont gratuits ou coûtent des sommes symboliques.

À Marinaleda, le taux de chômage est de zéro, dans une région où il tourne autour de 30 %. Il n'y a pas de police – ni de délinquance. Les décisions sont prises dans des assemblées où tous les habitants et habitantes sont conviés à participer. Et le village ne fonctionne pas en autarcie égoïste :

à plusieurs reprises le maire et les habitants se sont joints à la lutte des ouvriers agricoles andalous, en distribuant des produits alimentaires « prélevés » dans des supermarchés, en s'installant sur des terres agricoles appartenant au ministère de la Défense, en occupant des banques... « Qu'on ne vienne pas me dire, affirme le maire, que notre expérience n'est pas transposable. N'importe quelle ville peut faire la même chose si elle le souhaite. »

Tarnac et Marinaleda sont des îlôts dans l'océan du capitalisme démocratique. Ceux qui tiennent l'état du monde actuel pour le seul rationnel jugeront que ces exemples n'ont pas de signification. Pour nous, leur existence, leur succès, leur persistance en milieu hostile montrent qu'un communisme véritable est possible et qu'il est à notre portée.

\*\*\*

*Guillotine, Kolyma, Pol Pot* : c'est la réponse presque obligée à qui parle aujourd'hui de renverser l'ordre établi. D'Hyppolite Taine à Hannah Arendt, nombre de *penseurs* ont travaillé à faire coïncider les contours de la révolution avec ceux des grands massacres, à faire émerger des notions telles que le totalitarisme, qui permettent de tout fourrer dans le même sac pour éviter que l'on réfléchisse.

Cependant l'argument n'est pas infondé. Lors des révolutions victorieuses du passé, le sort des opposants n'a jamais été enviable, et parmi les causes qui ont amené ces révolutions là on l'on sait, celle-ci est la principale, l'originelle. Certes, lors des révolutions française, russe, chinoise, les circonstances – la guerre civile, la guerre extérieure – ne laissaient guère le loisir d'imaginer d'autres solutions que la répression pure. Mais rien ne permet de penser que la révolution qui vient sera *immunisée par nature* contre ce danger.

Une fois désintégré l'appareil d'État, on entendra dès les premiers jours des appels à la vengeance. L'arrogance de la richesse, le mépris et la haine du peuple vont-ils rester impunis ? Laissera-t-on couler des jours paisibles à ceux qui ont organisé l'oppression à leur profit ? Si légitimes que soient ces questions, si grand que serait le plaisir de voir *les méchants* châtiés, nous devons dire non à cette passion triste qu'est la vengeance. Que ce soit clair : rien à voir là avec le pardon, la non-violence, ou quelque autre de ces « valeurs » qui ont tant servi au maintien de l'ordre. Si la vengeance est à écarter, ce n'est pas pour des raisons morales.

Contre qui devrait-elle s'exercer ? Même en écartant les vindictes personnelles venant polluer le courant légitime de la vengeance publique, la réponse n'est pas simple. Punira-t-on les ministres responsables depuis tant d'années de ces crimes

que sont le refoulement des migrants et l'incarcé-
ration de leurs enfants, ou bien les *Lacombe Lucien*
des brigades anti-criminalité ? Les PDG qui ont
signé des « plans sociaux » pour améliorer leur
rentabilité et accroître leurs bonus, ou les DRH
qui les ont mis en œuvre, ou les CRS qui ont gazé
les protestataires ? On dirait bien *tous !* mais c'est
alors par centaines de milliers que se compteront
les potentiels punis. Mieux vaut en prendre son
parti : on ne punit pas un système, on l'abat et on
abandonne à leur sort ses débris déchus.

D'une telle façon de faire, il existe un précé-
dent célèbre dans l'Antiquité grecque dont les
mythes et l'histoire comportent pourtant bien
des épisodes de vengeance en tous genres. En
403 av. J.-C., la tyrannie des Trente, imposée à
Athènes par Sparte victorieuse dans la guerre du
Péloponnèse, fut abattue par l'armée des démo-
crates athéniens. On aurait pu s'attendre à ce que
le renversement de ce régime cruel et détesté
provoquât un grand mouvement de vengeance
collective. C'est le contraire qui se produisit : les
Athéniens rassemblés firent le serment collectif *de
ne pas rappeler les maux du passé.* Comme le raconte
Nicole Loraux dans *La Cité divisée* (Payot, 1997),
« une fois les tyrans expulsés, chargés de tous
les crimes dont il faut libérer Athènes, eux qui
y avaient provoqué ce que Kléokritos [le porte-
parole de l'armée démocratique victorieuse]
appelle "la guerre la plus affreuse, la plus pénible,

la plus sacrilège, la plus odieuse aux dieux et aux hommes", eh bien, on oublie ! Officiellement, institutionnellement. On oublie qu'il y a eu deux camps, et ce sont les vainqueurs eux-mêmes qui incitent à l'oublier, eux qui avaient en connaissance de cause choisi leur camp ».

On pourrait craindre qu'une telle amnistie ne fasse proliférer les tarentules de l'esprit de vengeance dont parle Nietzsche. Mais non : rencontrer à la station Gennevilliers les puissants d'hier portant leurs courses dans des sacs plastiques, regarder jouer les enfants des *quartiers* dans les jardins des anciens ministères, voir les commissariats transformés en studios d'enregistrement et les yachts en écoles de voile pour les collégiens, ce joyeux spectacle suffira à éviter la frustration et à dissiper le ressentiment.

Ce que doit instaurer la révolution victorieuse, c'est l'exact inverse d'une punition collective : la liberté réelle. Le plus surprenant, le plus nouveau se situera du côté des moyens d'expression. Certes, la « libre expression » est le grand sujet d'autosatisfaction de toutes les « démocraties » actuelles, celui qui leur permet de se présenter comme le moindre mal. Il est vrai qu'en France on peut dire presque n'importe quoi sans risque et que, depuis la guerre d'Algérie, il n'y a pas de censeurs, mais pour une raison simple : *il n'y a rien à censurer.*

Dans le monde industrialisé, la quasi-totalité des journaux sur papier, les 9/10$^e$ de l'édition et l'essentiel de l'audiovisuel appartiennent à des financiers. À la tête de leurs actifs dans l'information et l'*entertainment*, ils ont placé des hommes sûrs (des femmes, parfois) formés dans des écoles d'économie et de commerce, qui n'ont pas besoin de directives pour suivre la ligne générale du consensus politique et de la compétitivité commerciale. Ils sont jugés sur des chiffres – parts d'audience, tirages, rentrées publicitaires – et quand ils sont remerciés, c'est pour leur échec sur ces points et non pour quelque soudaine velléité d'indépendance.

Nommés par les propriétaires du capital, ces fondés de pouvoir installent à leur tour au-dessous d'eux des gens d'une docilité garantie et, selon le système pyramidal habituel, le processus se reproduit en descendant dans la hiérarchie de l'entreprise (s'arrêtant toutefois au personnel technique qui dans l'ensemble n'en pense pas moins). Ainsi, bien plus qu'une volonté cynique de désinformer et de crétiniser, c'est le conformisme institutionnel, la servitude volontaire qui rendent les *produits* des médias massivement sans intérêt. Le public s'en rend compte, ce qui explique « la crise » de la presse, du livre, etc., bien plus que de vagues considérations anthropologiques ou culturelles.

Libérer l'information, permettre la libre expression des opinions, ce n'est donc pas supprimer une surveillance qui n'a pas besoin d'exister. La destitution des patrons, le renvoi de la hiérarchie sont un indispensable début mais la suite logique – confier la presse et l'audiovisuel à ceux qui y travaillent – ne va pas de soi. La plupart de ces journalistes ont été formés (formatés) dans l'univers grisâtre de Science Po. Issus du même milieu intellectuel et politique, ils et elles *croient ce qu'ils écrivent* – que Camus est un grand philosophe, le pape François un défenseur des pauvres et Areva un fleuron de l'industrie française victime d'attaques terroristes injustifiables. Sauf exceptions, les équipes en place ne feront pas souffler sur l'information un vent nouveau. Mais ne l'oublions pas : pendant longtemps, ceux qui écrivaient dans les journaux n'étaient pas tous des gens de métier. Ni Marat, ni Zola, ni Orwell n'étaient des « journalistes » et dans les journaux actuels, les rares papiers de quelque intérêt sont les libres propos où s'expriment « des gens » qui ne sont pas non plus journalistes. Nous irons plus loin dans ce sens, nous ouvrirons *à tout le monde* les journaux et les émissions audiovisuelles – à ceux dont on n'entend jamais la voix mais aussi à ceux qui ne sont pas d'accord, qu'ils regrettent l'ordre ancien ou qu'ils soient au contraire impatients de voir s'accélérer le cours nouveau. On acceptera le bricolage, l'imperfection, les trous, l'hétéroclite. On ne regrettera ni les voix de classe, ni l'hypocrisie lisse, ni les éditoriaux d'un gris impeccable, ni les jeux idiots qui forment aujourd'hui le sinistre « paysage médiatique ».

Première*s mesures révolutionnaires*

Mais tout ne se résume pas à l'expression des idées : une contre-révolution cherchera imman-quablement à s'organiser. Il n'est pas possible de prévoir les conspirations et les stratagèmes qu'elle inventera pour tenter de rétablir le capitalisme, ni les parades à y opposer. On peut seulement avancer qu'on ne rouvrira pas les portes des pri-sons que l'on viendra d'abattre, qu'on ne bannira ni n'exécutera les ennemis. Faisons confiance à l'imagination collective : dans le brouillard répandu par le capitalisme démocratique, c'est ce qui manque le plus cruellement. « Vous avez vu un peuple immense, maître de sa destinée, rentrer dans l'ordre au milieu de tous les pouvoirs abattus, de ces pouvoirs qui l'avaient opprimé pendant tant de siècles » (Robespierre, Contre la loi martiale, 22 février 1790).

***

Dans l'univers du capitalisme démocratique, la philosophie, la littérature, le cinéma, l'art sous ses diverses formes se portent plus mal qu'il y a vingt ou trente ans. La marchandisation galo-pante a transformé la culture en un ensemble de *contenus*, un réservoir de *produits* dont le succès est fonction de la rentabilité. En France, les grandes maisons d'édition sont « façadisées », comme les immeubles dont on conserve les vieilles pierres et les moulures sur la rue mais dont l'intérieur est

92

vidé pour y installer des *open spaces* vitrés et des bureaux climatisés. Derrière des noms glorieux – Calmann-Lévy, Fayard, Plon ou Flammarion – on trouve aux postes de commande des financiers et des commerciaux, et souvent tout en haut des clowns comme naguère le célèbre Jean-Marie Messier ou aujourd'hui Arnaud Lagardère. Les auteurs à gros tirage sont achetés et échangés comme des footballeurs. Léautaud au Mercure de France, Paulhan et Queneau chez Gallimard sont des légendes d'un autre temps. Comme les automobiles ne se distinguent plus que par la forme des phares, les livres produits par l'édition industrielle ne se distinguent guère que par le graphisme de la couverture. (La différence entre l'automobile et le livre est que les petites marques comme Studebaker, Delage ou Salmson ont disparu depuis longtemps alors que dans l'édition, de nombreuses maisons de taille réduite, parfois minuscules, réussissent à publier un peu partout l'essentiel de ce qui vaut la peine d'être lu.)

Aux États-Unis, les grandes galeries brassent des sommes qui les hissent au niveau de l'industrie et leurs succursales disséminées dans le monde entier répandent les procédés du marketing de l'art. Ce qui se vend le mieux c'est, comme en littérature, la transgression des « valeurs » traditionnelles, celles-là mêmes que les acheteurs friqués mettent chaque jour en application. La culture industrielle d'aujourd'hui, minable caricature des

93

avant-gardes littéraires et artistiques du début du xxᵉ siècle, fonctionne sur l'apparence d'une remise en cause de l'ordre des choses, ordre dont elle est l'un des principaux piliers – au point que le mot même de *critique*, récupéré tant par la fausse gauche que par la vraie droite, doit malgré sa noble généalogie susciter la plus grande suspicion.

Après le démantèlement, les soutiers (les soutières plutôt, tant sont féminins ces métiers dévalorisés), entassé(e)s à quatre par bureau et qui ont gardé leur liberté de penser, prendront les commandes et feront aisément fonctionner les petites maisons d'édition nouvelles, vu que c'étaient elles qui faisaient jusque-là le vrai travail en laissant parader sur le devant de la scène les membres des comités de lecture, les commerciaux et les communicants en tous genres. En même temps surgiront partout de nouveaux lieux d'exposition, de nouvelles manières de produire des films, de nouveaux lecteurs, de nouveaux spectateurs. La disparition de l'Université, grand agent de la stérilisation actuelle, libèrera des énergies et des talents qui trouveront mieux à faire que la rédaction d'articles destinés à l'ascension dans la hiérarchie mandarinale.

Cette *révolution culturelle* ne fera pas mécaniquement émerger des génies. Mais ce que nous apprend l'histoire, c'est que les époques de joie collective, celles où les subjectivités sont éblouies par le sentiment de participer à une commune aventure, ces époques-là sont aussi celles de la plus grande créativité.

# III.

## Les jeux sont ouverts

> *La frivolité aussi bien que l'ennui qui font irruption dans ce qui subsiste, le pressentiment indéterminé de quelque chose d'inconnu, sont les prodromes de ce qu'il y a quelque chose d'autre qui s'annonce. Cet émiettement progressif, qui ne changeait pas la physionomie du tout, se trouve interrompu par l'aurore, qui, en un éclair, dresse tout d'un coup la configuration du monde nouveau.*

Hegel, préface de la *Phénoménologie de l'esprit*

L'histoire désarticulée de notre temps, l'écroulement de bien des rêves, la série des coups d'arrêt et des régressions dans ce qu'on appelait le tiers monde ont ruiné l'idée d'une évolution qui se ferait par une sorte de nécessité interne vers un progrès de la liberté et de l'égalité. Si la lutte des classes continue partout sous des formes diverses, son issue n'est nulle part assurée. Dans ses *Thèses* désespérées de 1940, Walter Benjamin mettait déjà en question la notion de sens de l'histoire, voyant souffler « cette tempête que nous appelons le progrès ».

On sait tout le parti que le nihilisme postmoderne a su tirer d'une telle mise en question : une apologie militante de la résignation, un désarmement de toutes les énergies naissantes, une version cultivée de la contre-révolution. Pour nous, le présent s'analyse en termes stratégiques, et il est vital d'observer comment nos ennemis s'arment d'ores et déjà contre le bouleversement qui menace.

Ces derniers temps, l'un des possibles est souvent évoqué sous la forme du « retour aux années trente » : le fascisme. Le mot est commode mais pas juste : la référence aux mouvements fascistes de l'entre-deux-guerres ne permet pas de saisir ce qui risque d'advenir, car ce qui caractérisait ces mouvements, le culte du Chef, les troupes bottées de cuir, la valorisation de l'héroïsme guerrier, l'idéologie de l'irrationnel, tout cela n'est plus de notre temps. Plutôt que de fascisme, on pourrait parler d'une imprégnation fascistoïde, en cours dans des pays où se sont désintégrés la confiance et le respect envers les gouvernants, les « élites », les partis et les syndicats. Elle tire sa virulence de la détestation des étrangers, des Turcs en Allemagne et dans les pays du Nord, des Roumains en Hongrie, des Albanais en Italie, des Arabes et des Noirs en France, des *Chicanos* aux États-Unis, des Roms partout.

En France, le discours raciste se « décom-plexe », curieuse expression qui tend à faire du racisme une pulsion profonde malencontreuse-ment refoulée jusqu'ici. Des politiques, des journalistes, des écrivains tiennent communé-ment des propos qui les auraient naguère obligés à des excuses publiques. C'est ainsi que Michel Houellebecq a pu écrire que « l'islam ne pou-vait naître que dans un désert stupide, au milieu de Bédouins crasseux qui n'avaient rien d'autre à faire – pardonnez-moi – que d'enculer leurs chameaux » et obtenir le prix Goncourt (Céline n'avait eu que le Renaudot). En application de la loi de 2005 sur la valorisation de la colonisation, on livre aux enfants du primaire les sentences de Jules Ferry sur les races supérieures, qui « ont un droit vis-à-vis des races inférieures, un droit parce qu'il y a un devoir pour elles. Elles ont le devoir de civiliser les races inférieures ».

S'il ne s'agissait que de mots, ce serait déjà pré-occupant. Mais dans de nombreux pays on voit proliférer des groupes violents spécialisés dans la chasse aux peaux sombres – voire claires dès lors qu'elles enveloppent des adeptes de la reli-gion musulmane. Certes, l'extrême droite a tou-jours eu ses nervis mais « la crise » a apporté du nouveau en donnant aux mouvements d'extrême droite inscrits dans le système parlementaire – du *Tea Party* américain au Front national – une place qui inquiète les gouvernants. La surenchère droitière est la parade qu'ils ont trouvée pour barrer la route au « populisme ». Leur appareil policier ferme les yeux sur les crimes racistes quand il ne travaille pas de concert avec les bandes pour faire régner leur ordre.

À Athènes, Aube dorée affirme sa filiation : « Hitler était un grand réformiste social et un grand organisateur de l'État social » déclare le porte-parole actuel du mouvement (cité dans le numéro 7 de la revue *Z*). Les milices du mouvement, qui se surnomment « Bataillons de sécurité » en référence aux groupes armés qui collaboraient avec les nazis pendant la guerre, patrouillent dans les quartiers populaires où vivent les immigrés, contrôlent, agressent, saccagent sans que la police intervienne. Bien au contraire, elle collabore avec ces milices, leur confie des missions de maintien de l'ordre dans les quartiers turbulents et s'allie avec eux pour cogner sur les immigrés et ceux qui les soutiennent. Dans la grande tradition de la Grèce moderne, de Metaxás aux colonels, l'appareil d'État s'appuie sur Aube dorée pour contenir le mouvement populaire. En Allemagne, devant une série d'assassinats de Turcs (et de Grecs) qui tenaient des *döner kebab*, la police a fait semblant de croire pendant dix ans à des règlements de compte dans la mafia narco-turque. C'est par hasard que la vérité a éclaté : les meurtriers appartenaient à un groupuscule néo-nazi, le *Nationalsozialistischer Untergrund* (NSU,

« Clandestinité national-socialiste »). En France, le noyautage de l'appareil sécuritaire par l'extrême droite une vieille tradition, mais l'on n'avait jamais encore entendu de ministres de l'Intérieur faire publiquement des remarques racistes – à droite, les blagues d'Hortefeux ; à gauche, les propos de Manuel Valls, pour qui il conviendrait de « remettre des Blancs à Évry », et qui fait démanteler les camps de Roms car « ils ne souhaitent pas s'intégrer dans notre pays parce qu'ils sont entre les mains de réseaux versés dans la mendicité et la prostitution ». (On imagine assez bien ce socialiste-là suivre une trajectoire à la Marcel Déat, qui lançait au congrès de la SFIO de 1933 le slogan « Ordre, autorité, nation » avant de faire scission pour fonder le Rassemblement national populaire, parti authentiquement fasciste.) Et il faut encore compter avec la peste rouge-brune de Soral et consorts, qui fait des ravages aussi bien parmi la bourgeoisie catholique que chez les plus déboussolés des « jeunes de banlieue ».

Face à cette dérive, *l'antifascisme* est un leurre. S'il peut devenir nécessaire de former localement des groupes d'autodéfense, les meetings où des « personnalités » intellectuelles viennent exprimer leur indignation sont comme des signes prémonitoires de défaite – voir sur les photos du Congrès des écrivains pour la défense de la culture, en 1935, les visages pathétiques de Gide, Benda, Ehrenbourg,

Barbusse... où peut se lire le désastre à venir. En France, aujourd'hui, devant l'intense propagande d'« Égalité et Réconciliation » sur internet, la reconstitution de petites bandes de skins nazis, voire le meurtre de Clément Méric, l'antifascisme est encore une fois un leurre. Parce que le fascisme se nourrit de la haine de la corruption démocratique, la réaction au fascisme vient le revigorer encore en donnant l'impression de soutenir l'ordre démocratique existant. C'est la poussée révolutionnaire, *l'éveil fraternel de toutes les énergies* comme dit Rimbaud, qui renverra les apprentis fascistes à leur néant.

En dehors du « fascisme », l'autre possibilité, qui n'est au reste pas exclusive de poussées fascistoïdes diverses, c'est un processus d'effondrement continu des superstructures sociales, culturelles et étatiques, mais qui n'arrive jamais à son terme. Une sorte de fin sans fin que n'interromprait aucune irruption révolutionnaire ou contre-révolutionnaire, une dégradation infinie de tout, une dissolution de l'ordre actuel sans explosion. Un tel processus est rendu imaginable par le nouveau contrôle cybernétique diffus des populations, par le fait que Google, Facebook, Apple, Microsoft et consorts maintiennent, par-delà l'évanouissement de toute société digne de ce nom, un semblant de rapports sociaux, un « réseau social ». L'ex-patron de Google, Eric Schmidt, explique dans un livre coécrit avec un agent de l'antiterrorisme américain (*The New Digital Age*, 2013) que la Somalie est un cas d'école passionnant car c'est le plus ancien des « États échoués ». On a là un pays où toute forme d'État a disparu depuis 1991. Rien ne fonctionne en Somalie à part les télécommunications, qui y sont moins chères que partout ailleurs – un quart des Somaliens dispose d'un téléphone portable, à défaut d'une ration alimentaire suffisante. De la même manière, à la « fin » de la guerre en Irak, l'approvisionnement en eau, en vivres, en médicaments était partout incertain, mais chacun avait un portable. Et l'ensemble des « services » que l'État n'est alors plus en mesure de fournir – l'accès à l'éducation, à l'information, aux banques, à la météo, etc. –, l'utopie de Google et consorts est de le fournir eux-mêmes, par l'intermédiaire des smartphones et de leurs applications sans nombre. L'effondrement devient ici un état stable, et rentable.

Pour l'Europe, un scénario somalien n'est pas à redouter dans l'avenir immédiat. C'est une variante qu'il faut envisager : des cœurs métropolitains toujours plus riches, toujours plus « communiquants », toujours plus mondiaux, branchés et productifs, et des zones de relégation toujours plus cauchemardesques, où tout fait défaut, où toute trace de l'État a disparu, où l'on ne survit que par le « crime » avant d'être fauché

encore jeune par une mort brutale, où de régu-
lières opérations « antiterroristes » et des incur-
sions de l'armée permettent de faire régner une
désorganisation constante et, en fin de compte,
de rendre le chaos inoffensif. La métropole bran-
chée pourrait ainsi se contempler dans le miroir
de son contraire et faire passer sa barbarie fon-
cière pour un sommet de civilisation. Dans ces
zones de relégation, comme en Somalie, les télécommunications pourraient être aisément main-
tenues en service, d'autant qu'elles permettraient
un contrôle constant de tous les échanges, de
toutes les relations qui s'y nouent, une information continue pour ceux qui « gèrent » l'affaire
depuis leur confortable dehors. On aurait ainsi
à la fois un maintien du capitalisme par poches
ultra-rentables et interconnectées, et une gestion optimale de ses contradictions, de la menace
représentée par l'appauvrissement brutal du plus
grand nombre. On n'oubliera pas de dénoncer
l'inexplicable « ensauvagement de la population » et l'on pourra même tenter d'attribuer à
des causes raciales la situation catastrophique que
l'on a produite à dessein.

C'est pourquoi nous ne pouvons nous conten-
ter de *constater* l'effondrement de l'édifice social
présent, il nous faut le faire advenir au plus vite,
avant qu'il n'ait réussi à mettre en place sa propre
éternité décomposée. Blanqui : « La Révolution
seule, en déblayant le terrain, éclaircira l'horizon,

ouvrira les routes ou plutôt les sentiers multiples qui conduisent vers l'ordre nouveau. »

*** 

Pour ne pas nous trouver englués dans l'une ou l'autre des versions de la guerre menée par le capitalisme démocratique pour sa survie, la première idée est de *s'organiser*. Si le bouillonnement actuel reste éclaté, si les foyers de révolte n'ont entre eux d'autre lien que la sympathie réciproque, l'appareil d'État continuera à tenir même si c'est seulement par la rouille. Mais le mot « organisation » prend parfois un caractère magique en recouvrant des pratiques qui relèvent largement de l'imaginaire.

Reconstituer sur les ruines du passé une organisation révolutionnaire classique n'est ni possible ni souhaitable. Pas possible parce qu'au fond personne n'en a envie, sauf les militants des groupuscules néotrotskistes, néoléninistes ou néomaoïstes qui proposent sur le trajet des cortèges syndicaux leurs journaux écrits dans une langue d'un autre temps. Pas souhaitable car son but implicite ne saurait être que la confrontation directe avec l'appareil d'État, confrontation qui n'aura jamais lieu car les « conditions objectives » ne seront jamais réunies. Une telle organisation ne peut donc mener ses troupes qu'à un attentisme bavard – voire un jour à une action suicidaire.

C'est de ce que nous avons sous les yeux qu'il faut partir, et non de quelque projection fantasmatique. Chacun peut voir autour de lui des groupes – de salariés et de chômeurs, d'abonnés à la soupe populaire, de prisonniers, de mères de familles – qui ne supportent plus la vie qu'on les contraint à mener. Chacun peut entendre la colère dans les usines, les banlieues et les ports, chez les caissières des grandes surfaces et les employés d'Orange, dans les banques, les journaux et jusque chez les pilotes de ligne. S'organiser, c'est faire évoluer ces groupes en constellations subversives par le jeu des amitiés, des espoirs partagés, des luttes menées en commun, de proche en proche. C'est tracer entre eux des chemins qui les amènent à se retrouver par affinités de ville à village, de quartier à quartier, de centre à banlieue. Tout le contraire, donc, de l'abstraite « convergence des luttes », toujours invoquée mais jamais réalisée par les militants professionnels. La seule convergence des luttes imaginable est *territoriale* : une lutte dans une usine de pneus – Continental à Clairoix par exemple – peut emmener avec elle tout le territoire et toutes les vies qui seront affectées par sa victoire ou sa défaite. Au lieu de se vivre comme inscrite dans un secteur donné de l'économie, au lieu de chercher à converger avec les luttes du même secteur aux quatre coins du pays, voire du continent, une usine peut aussi se penser immergée dans tout un ensemble de liens locaux, que le conflit a toutes les chances de politiser *car il les touche directement.*

De la même manière, expliquer aux dominés pourquoi ils le sont et comment en sortir, ce n'est pas notre affaire à nous. La révolution qui vient n'aura pas d'avant-garde, seulement des agents de liaison qui travaillent à éveiller et faire circuler les devenirs révolutionnaires. *Pessimisme de la raison,* disait Gramsci, et l'on a vu le résultat : dans un monde qui craque de toutes parts, le pessimisme ne fait que redoubler la mort en cours.

Donc, voilà, puisque le temps presse, pressons le pas, mesurons notre puissance, rencontrons-nous.

Marie-Hélène Bourcier, *Sexpolitique. Queer Zones 2.*

Bruno Bosteels, *Alain Badiou, une trajectoire polémique.*

Alain Brossat, *Pour en finir avec la prison.*

Pilar Calveiro, *Pouvoir et disparition. Les camps de concentration en Argentine.*

Grégoire Chamayou, *Les chasses à l'homme.*

Grégoire Chamayou, *Théorie du drone.*

Ismahane Chouder, Malika Latrèche, Pierre Tevanian, *Les filles voilées parlent.*

Cimade, *Votre voisin n'a pas de papiers. Paroles d'étrangers.*

Comité invisible, *L'insurrection qui vient.*

Christine Delphy, *Classer, dominer. Qui sont les « autres » ?*

Alain Deneault, *Offshore. Paradis fiscaux et souveraineté criminelle.*

Raymond Depardon, *Images politiques.*

Yann Diener, *On agite un enfant. L'État, les psychothérapeutes et les psychotropes.*

Cédric Durand (coord.), *En finir avec l'Europe.*

Jean-Pierre Faye, Michèle Cohen-Halimi, *L'histoire cachée du nihilisme. Jacobi, Dostoïevski, Heidegger, Nietzsche.*

Norman G. Finkelstein, *L'industrie de l'holocauste. Réflexions sur l'exploitation de la souffrance des Juifs.*

Joëlle Fontaine, *De la résistance à la guerre civile en Grèce. 1941-1946.*

Charles Fourier, *Vers une enfance majeure.* Textes présentés par René Schérer.

Isabelle Garo, *L'idéologie ou la pensée embarquée.*

Antonio Gramsci, *Guerre de mouvement et guerre de position.* Textes choisis et présentés par Razmig Keucheyan.

Amira Hass, *Boire la mer à Gaza, chroniques 1993-1996.*

Eric Hazan, *Chronique de la guerre civile.*

Eric Hazan, *Notes sur l'occupation. Naplouse, Kalkilyia, Hébron.*

Eric Hazan, *Paris sous tension.*

Eric Hazan, *Une histoire de la Révolution française.*

Eric Hazan & Eyal Sivan, *Un État commun. Entre le Jourdain et la mer.*

Henri Heine, *Lutèce. Lettres sur la vie politique, artistique et sociale de la France.* Présentation de Patricia Baudoin.

Victor Hugo, *Histoire d'un crime.* Préface de Jean-Marc Hovasse, notes et notice de Guy Rosa.

Sadri Khiari, *La contre-révolution coloniale en France. De de Gaulle à Sarkozy.*

Georges Labica, *Robespierre.*
*Une politique de la philosophie.*
Préface de Thierry Labica.

Yitzhak Laor, *Le nouveau*
*philosémitisme européen*
*et le « camp de la paix » en Israël.*

Lénine, *L'État et la révolution.*

Mathieu Léonard, *L'émancipation*
*des travailleurs. Une histoire de la*
*Première Internationale.*

Gideon Levy, *Gaza. Articles pour*
*Haaretz, 2006-2009.*

Laurent Lévy, *« La gauche », les*
*Noirs et les Arabes.*

Frédéric Lordon, *Capitalisme,*
*désir et servitude. Marx et Spinoza.*

Pierre Macherey, *De Canguilhem*
*à Foucault. La force des normes.*

Pierre Macherey,
*La parole universitaire.*

Gilles Magniont & Yann Fastier,
*Avec la langue. Chroniques du*
*« Matricule des anges ».*

Karl Marx,
*Sur la question juive.*
Présenté par Daniel Bensaïd.

Karl Marx & Friedrich Engels,
*Inventer l'inconnu. Textes et cor-*
*respondance autour de la Commune.*
Précédé de « Politique de Marx »
par Daniel Bensaïd.

Albert Mathiez, *La réaction*
*thermidorienne. Présentation de*
*Yannick Bosc et Florence Gauthier.*

Louis Ménard, *Prologue d'une*
*révolution (fév.-juin 1848).*
Présenté par Maurizio Gribaudi.

Elfriede Müller & Alexander
Ruoff, *Le polar français.*

*Crime et histoire.*

Ilan Pappé, *La guerre de 1948*
*en Palestine. Aux origines*
*du conflit israélo-arabe.*

François Pardigon, *Épisodes*
*des journées de juin 1848.*

Jacques Rancière,
*Le partage du sensible.*
*Esthétique et politique.*

Jacques Rancière,
*Le destin des images.*

Jacques Rancière,
*La haine de la démocratie.*

Jacques Rancière,
*Le spectateur émancipé.*

Jacques Rancière, *Moments*
*politiques. Interventions*
*1977-2009.*

Jacques Rancière,
*Les écarts du cinéma.*

Jacques Rancière,
*La leçon d'Althusser.*

Textes rassemblés par J. Rancière
& A. Faure, *La parole ouvrière*
*1830-1851.*

Amnon Raz-Krakotzkin,
*Exil et souveraineté. Judaïsme,*
*sionisme et pensée binationale.*

Tanya Reinhart,
*Détruire la Palestine, ou comment*
*terminer la guerre de 1948.*

Tanya Reinhart,
*L'héritage de Sharon.*
*Détruire la Palestine, suite.*

Mathieu Rigouste, *La domination*
*policière. Une violence industrielle.*

Robespierre,
*Pour le bonheur et pour la liberté.*
*Discours choisis.*

Julie Roux, *Inévitablement*
*(après l'école).*

Christian Ruby, *L'interruption.*
*Jacques Rancière et le politique.*

Gilles Sainati & Ulrich Schalchli,
*La décadence sécuritaire.*

André Schiffrin,
*L'édition sans éditeurs.*

André Schiffrin,
*Le contrôle de la parole.*
*L'édition sans éditeurs, suite.*

André Schiffrin,
*L'argent et les mots.*

Ella Shohat, *Le sionisme du point*
*de vue de ses victimes juives.*
*Les juifs orientaux en Israël.*

Jean Stern, *Les patrons de la presse*
*nationale. Tous mauvais.*

Syndicat de la magistrature, *Les*
*mauvais jours finirons. 40 ans de*
*combats pour la justice et les libertés.*

Marcello Tarì, *Autonomie !*
*Italie, les années 1970.*

N'gugi wa Thiong'o,
*Décoloniser l'esprit.*

E.P. Thompson,
*Temps, discipline du travail*
*et capitalisme industriel.*

Tiqqun, *Théorie du Bloom.*

Tiqqun, *Contributions à la guerre*
*en cours.*

Tiqqun, *Tout a failli,*
*vive le communisme !*

Alberto Toscano,
*Le fanatisme. Modes d'emploi.*

Enzo Traverso,
*La violence nazie,*
*une généalogie européenne.*

Enzo Traverso,
*Le passé : modes d'emploi.*
*Histoire, mémoire, politique.*

Louis-René Villermé,
*La mortalité dans les divers*
*quartiers de Paris.*

Sophie Wahnich,
*La liberté ou la mort.*
*Essai sur la Terreur et le terrorisme.*

Michel Warschawski (dir.),
*La révolution sioniste est morte.*
*Voix israéliennes contre l'occupation,*
*1967-2007.*

Michel Warschawski,
*Programmer le désastre.*
*La politique israélienne à l'œuvre.*

Eyal Weizman,
*À travers les murs. L'architecture*
*de la nouvelle guerre urbaine.*

Slavoj Žižek, *Mao. De la pratique*
*et de la contradiction.*

Collectif,
*Le livre : que faire ?*

Cet ouvrage a été achevé d'imprimer
par l'Imprimerie Floch à Mayenne
en juin 2019.

Numéro d'impression : 94524.
Dépôt légal : septembre 2013.
Imprimé en France